Nebulosa – Figuren des Sozialen
06/2014
Arbeiterinnen und Arbeiter

Nebulosa
Figuren des Sozialen

06/2014

Arbeiterinnen und Arbeiter

Herausgegeben von Eva Holling,
Matthias Naumann und Frank Schlöffel

Neofelis Verlag

Nebulosa – Figuren des Sozialen
06/2014: Arbeiterinnen und Arbeiter
Hrsg. v. Eva Holling / Matthias Naumann / Frank Schlöffel

Bibliografische Information der Deutschen Nationalbibliothek
Die Deutsche Nationalbibliothek verzeichnet diese Publikation in der Deutschen Nationalbibliografie; detaillierte bibliografische Daten sind im Internet über http://dnb.d-nb.de abrufbar.

Umschlaggestaltung: Marija Skara
Druck: PRESSEL Digitaler Produktionsdruck, Remshalden
Gedruckt auf FSC-zertifiziertem Papier.
ISSN: 2193-8490
ISBN: 978-3-943414-43-1

Erscheinungsweise: zweimal jährlich
Jahresabonnement 22 €, Einzelheft 14 €
Erhältlich in Ihrer Buchhandlung oder direkt beim Neofelis Verlag unter:
vertrieb@neofelis-verlag.de

Ein Abonnement verlängert sich automatisch um ein Jahr, wenn die Kündigung nicht mindestens drei Monate vor Ende des Kalenderjahrs erfolgt ist.

Inhalt

Notizen zum digitalen Prekariat

Dem Duden zufolge ist ein ‚Hobby' eine „als Ausgleich zur täglichen Arbeit gewählte Beschäftigung, mit der jemand seine Freizeit ausfüllt und die er mit einem gewissen Eifer betreibt"[1]. Im Duden taucht das Wort erstmals 1954 auf: Noch ist der Fordismus im globalen Norden die beherrschende Wirtschaftsform, erst in den 1970er Jahren kriselt das von auf die Rationalisierung der ökonomischen Produktion und auf die Schaffung eines „neuen Arbeiter- und Menschentypus"[2] gerichtete Modell des Wirtschaftens und wird von einem neuem Regime, dem Postfordismus, abgelöst. Arbeit wird nun zunehmend flexibilisiert, die Arbeiter_innenschaft segmentiert und individualisiert, Lebensverhältnisse weiter prekarisiert. „War im Fordismus die Vorstellung von Armut immer mit der sogenannten ‚Dritten Welt' verbunden," schreibt Michael Fuchs, „so zeigt sich eine massive Verstärkung des Gegensatzes zwischen Arm und Reich nicht nur zwischen Peripherie und Zentrum, sondern auch in den kapitalistischen Metropolen. Es kommt also zum Entstehen peripherer Räume und Verhältnisse innerhalb der kapitalistischen Staaten selbst."[3]

Der periphere Raum ist in Anbetracht des absoluten Wohlstands der westlichen Welt das vermeintliche Paradox der geringeren Dichte, des Mangels also, der fehlenden Partizipation und Armut. Er ist die Nische und Schwelle der Grenzverwischung, kann in der kapitalistischen (Groß-)Stadt in seiner extremsten Form etwa die Brücke, die Straße oder das Asyl sein. Zugleich konstituiert sich peripherer Raum aber auch im Zentrum der urbanen Arbeitstopographie, in den als hip und cool gepriesenen Co-Working-Spaces, in Cafés, in Home-Offices, die von einem Teil peripherer Arbeiter_innen der Gegenwart, den Freiberufler_innen und Kreativen, besiedelt werden. Virtuell über das Internet vernetzt bindet er das Lokale an die globale kapitalistische Verwertung rück und formiert sich dadurch als transnationaler, also von nationalstaatlichen arbeitsrechtlichen Regularien entbundener Raum. Soziale und betriebliche Standards – dies gilt seit längerem freilich auch für die Leih-, (Teil-)Zeit-, Schwarz-,

1 Hobby, das. http://www.duden.de/rechtschreibung/Hobby (Zugriff am 10.09.2014).

2 Antonio Gramsci zit. n. Gundula Ludwig: *Geschlecht regieren. Zum Verhältnis von Staat, Subjekt und heteronormativer Hegemonie*. Frankfurt am Main: Campus 2011, S. 79.

3 Christian Fuchs: *Soziale Selbstorganisation im informationsgesellschaftlichen Kapitalismus. Gesellschaftliche Verhältnisse heute und Möglichkeiten zukünftiger Transformationen*. Wien: BOD 2001, S. 111.

scheinselbständigen und geringfügig beschäftigten Arbeiter_innen – sind außer Kraft gesetzt.

Eine in diesem Zusammenhang neue Figur des postmodernen Arbeiters ist die des Microjobbers. Andere sich in den letzten Jahren etablierende Arbeiter_innenfiguren ergänzend, die sich selbst organisierend sowie die klassischen Kategorien Hobby und Arbeit vermengend als (semi-)professionelle Hybride die Werbeanzeigen- und Verkaufsmaschinerie auf YouTube, Twitter und Co. befeuern bzw. befeuern werden,[4] arbeitet er/sie als Teil eines sich formierenden digitalen Prekariats zumeist im Kontext von sogenannten Crowd-Sourcing-Projekten. Jene erweitern die Palette der Auslagerungsmöglichkeiten von unternehmerischen Arbeitsprozessen und die damit verbundenen Potentiale unmittelbarer Ausbeutung im großen Stil zusehends.

Sehr selbstbewusst wirbt etwa die Plattform *clickworker* mit ihren 500.000 Clickworkern, die nicht als Arbeiter, sondern als Nutzer vorgestellt werden, die sich hier „registrieren“, um „kleine Jobs (Microjobs) auf Honorarbasis zu bearbeiten“.[5] Für die Herstellung eines suchmaschinenoptimierten Werbetextes (451–500 Wörter) für die Internetpräsenz eines Hotels werden bspw. 6,95 Euro bezahlt.[6] Obschon die

4 Für eine Summe von 970 Millionen hat Amazon im August 2014 das Portal Twitch gekauft. Es bleibt abzuwarten, wann die von Spieler_innen eingestellten Inhalte, die diese beim ‚Gamen‘ zeigen, durch Werbeeinblendungen monetarisiert werden. Bei Twitter testet man gegenwärtig einen Kauf-Button, auch die Macher_innen von Facebook erwägen eine entsprechende Funktion (siehe hierzu etwa Neue Shopping-Funktion. Twitter testet Kauf-Button. In: *Focus*, 08.09.2014. http://www.focus.de/digital/internet/unternehmen-testlauf-fuer-kauf-button-laesst-twitter-aktie-steigen_id_4118250.html (Zugriff am 10.09.2014)). Dadurch würden die Content-Lieferant_innen direkt zu ‚Beschäftigten‘ der Unternehmen und Händler werden, auf deren Produkte verlinkt wird, sowie indirekt natürlich auch der Zahlungsdienstleister, von deren Leistungen bei der Kaufabwicklung Gebrauch gemacht wird.

5 Unsere Crowd – Die Clickworker. http://www.clickworker.com/de/about-us/clickworker-crowd (Zugriff am 10.09.2014).

6 Zum Vergleich: Bis einschließlich der Ersterwähnung von „*clickworker*“ verfügt vorliegender Text über 528 Wörter. Ohne inhaltliches, formales und sprachliches Lektorat (auf eine Suchmaschinenoptimierung wurde verzichtet), benötigte ich ca. 2,5 Stunden für den ersten Entwurf. Vorausgesetzt jener Werbetext würde mich vergleichbar viel Zeit kosten – und davon kann man beim vergleichsweise hohen Anforderungsprofil an einen *clickworker*-Job ausgehen (zudem dürften die wenigsten direkt aus der Werbetexter-Branche kommen und über einen großen Erfahrungsschatz verfügen, was das Verfassen solcher Texte betrifft) –, hätte ich ein Brutto(!)-Stundenhonorar von 2,78 Euro erwirtschaftet. Alternativ bietet natürlich *clickworker* auch noch andere Jobs, z. B. das Hochklicken von Webseiten für nur gering qualifizierte Clickworker wie mich durch die Suche und das zeitlich durch *clickworker* näher spezifizierte Verweilen auf einer Webseite. Die im Folgenden beschriebene Tätigkeit

Verdienstmöglichkeiten überschaubar sind, entsteht Druck innerhalb des virtuellen Arbeitsraums für die/den Arbeiter_in unter Umständen nur dadurch, dass ein Zeitlimit je Auftrag gesetzt wird, das es einzuhalten gilt. Direkte Konkurrenz gibt es nicht. Anders verhält es sich mit der Plattform *freelancer.com*, der eigenen Beschreibung zufolge der „größte Freelancing-, Outsourcing- und Crowdsourcing-Marktplatz der Welt“[7]. Hier bewerben sich Arbeiter_innen in einer weltweiten Konkurrenzsituation um ausgeschriebene Jobs, die von der Copy-and-Paste-Tätigkeit bis zu Vollzeitbeschäftigung als freischaffende_r PR-Assistent_in eines IT-Unternehmens reichen. Angeboten wird von der Plattform ein kostenpflichtiges ‚Qualifizierungs‘-System, dessen Zertifikate als Nachweise für spezifische Fähigkeiten herhalten sollen. Aber nicht nur die eigene ‚Fortbildung‘ kostet Geld: „Im Grunde kostet alles Geld auf *freelancer.com*. Wenn du einen Skill Test ablegen willst – $5, deine Bewerbung für ein Projekt über allen anderen platzieren – $1, Auszahlung auf dein PayPal Konto – $1“[8], schreibt ein ehemaliger *Freelancer*. In erschreckender Deutlichkeit wird hier, weit

wird mit 0,12 Euro honoriert (die Anweisungen von *clickworker* sind wesentlich kleinteiliger): 1) Suche, 2) Finden der entsprechenden Unternehmen in der Google-Ergebnisliste, 3) Eingeben der URL auf der *clickworker*-Webseite, unter der man das Unternehmen gefunden hat, 4) Suchen einer näher spezifizierten Unterseite der Unternehmenswebseite, 5) Verweilen auf der Webseite für 2 Minuten und 6) Eingabe eines bestimmten Codes auf der *clickworker*-Webseite. Ein zeitlicher Aufwand von mindestens 4 Minuten ist realistisch. In einer Stunde könnte ich mit diesem Job 1,80 Euro verdienen. Bei einem 8-stündigen Arbeitstag käme ich in diesem Fall auf 14,40 Euro, jeden Tag Werbetexte brächten 22,24 Euro. Berlin hat 2014 insgesamt 252 Arbeitstage (Feiertage sind hier bereits herausgerechnet). Als Berliner Clickworker hätte ich, wenn ich das Hochklicken von Onlinepräsenzen und das Verfassen von Werbetexten hälftig mische und faul bin, indem ich nicht mehr als 8 Stunden und weder an Feiertagen noch an Wochenenden arbeite, einen Bruttoverdienst von 4.616,64 Euro im Jahr. Dies ist freilich in absoluten Zahlen ein Vielfaches von dem, was Textilarbeiter_innen in Bangladesch verdienen (für 14–16 Arbeitsstunden an sieben Tagen die Woche forderten sie im Herbst 2013 einen Mindestlohn von 75,50 Euro pro Monat, siehe Christoph Hein: 50.000 Textilarbeiter in Bangladesch verlangen mehr Lohn. In: *Frankfurter Allgemeine Zeitung*, 22.09.2013. http://www.faz.net/aktuell/wirtschaft/wirtschaftspolitik/demonstrationen-und-streiks-50-000-textilarbeiter-in-bangladesch-verlangen-mehr-lohn-12585573.html (Zugriff am 10.09.2014)), am Ende bleibt aber in Berlin wohl auch nur der Gang zur Agentur oder die Obdachlosigkeit, gesetzt des Falles, ich habe keine_n Partner_in, Eltern usf., die mich unterstützen.

7 Freelancer.com ist der größte Freelancing-, Outsourcing- und Crowdsourcing-Marktplatz der Welt. https://www.freelancer.com/info/about.php (Zugriff am 10.09.2014).

8 Sebastian Kühn: Meine Erfahrungen als Freiberufler bei Freelancer.com. http://geldverdieneniminternetblog.de/freiberufler-bei-freelancer (Zugriff am 10.09.2014).

entfernt von dem, was Holm Friebe und Sascha Lobo bereits 2006 als digitale Bohème halluzinierten,[9] die Selbstausbeutung des „digitale[n] Tagelöhner[s]“[10] vorgeführt. Der/die freie digitale Arbeiter_in bleibt, so kann man fast zehn Jahre nach Erscheinen von Friebes und Lobos *Wir nennen es Arbeit* festhalten, ein „geheimes Sehnsuchtsfeld“[11].

*

A League of Their Own

In den 1940er und 1950er Jahren, als ein signifikanter Teil männlicher Sportler in den Kriegsdienst gezogen war, existierte in den USA die *All-American Girls Professional Baseball League* (AAGPBL).[12] Frauen spielten dort für ein paar Jahre teilweise auch nach den Regeln der Männer.[13] Der Film *A League of Their Own*[14] imaginiert anschaulich das Leben eines Schwesternpaars, das in eben dieser AAGPBL spielt: die Schwestern ziehen sich früher oder später aus dem Sport wieder auf tradierte ‚weibliche‘ Positionen zurück, wie heiraten und Hausarbeit

9 Holm Friebe / Sascha Lobo: *Wir nennen es Arbeit. Die digitale Bohème oder Intelligentes Leben jenseits der Festanstellung*. München: Heyne 2008. Erstaunlich, dass sich die Autoren im Vorwort der zitierten, aktualisierten Ausgabe darüber verwundert zeigen, dass der für Science Fiction bekannte Heyne Verlag das Buch ins Programm nahm, nachdem 14 Verlage das Manuskript abgelehnt hatten (s. ebd., S. 13).

10 Hierzu u. a. Steffen Fründt / Benedikt Fuest / Tina Kaiser: Digitale Tagelöhner. In: *Die Welt*, 13.04.2014. http://www.welt.de/print/wams/wirtschaft/article126882983/Digitale-Tageloehner.html (Zugriff am 10.09.2014). Wie Aussagen Sigmar Gabriels belegen, ist der digitale Tagelöhner mittlerweile auch im Zentrum des politischen Diskurses angekommen; hier dient er allerdings als Vehikel viel zu kurz gegriffener ‚Kapitalismuskritik‘, indem er als Opfer „asozial“ agierender und Steuer-Dumping betreibender amerikanischer Großkonzerne wie Google, Apple und Amazon figuriert wird. „Wir müssen den Silicon-Valley-Kapitalismus zähmen“ heißt es entsprechend populistisch bei Gabriel. (Vgl. bspw. Gabriel will Apple, Amazon und Google zügeln. In: *Handelsblatt*, 20.09.2014. http://www.handelsblatt.com/politik/deutschland/das-ist-asozial-gabriel-will-apple-amazon-und-google-zuegeln/10731388.html (Zugriff am 10.09.2014).)

11 Friebe / Lobo: *Wir nennen es Arbeit*, S. 23.

12 „The All-American Girls Professional Baseball League gave over 600 women athletes the opportunity to play professional baseball and to play it at a level never before attained. The League operated from 1943 to 1954.“ (League History. http://www.aagpbl.org/index.cfm/pages/league/12/league-history (Zugriff am 19.08.2014).)

13 „In an effort to increase hitting and spotlight base running and fielding, they extended the length of softball's base paths and pitching distance. They also incorporated men's base running rules by allowing runners to lead off and steal bases. Softball at the time included 10 players. This new game would parallel men's baseball in number of players (9) and types of equipment.“ (Ebd.) Freilich waren es Männer, die diese Liga ins Leben riefen und organisierten.

14 *A League of Their Own*. USA 1992, R: Penny Marshall.

besorgen. Genderspezifische Aufteilungen kommen so zur Ansicht, die eine Problematisierung der weiblichen Übernahme von in traditionellen Rollenzuschreibungen eher ‚Männern' zugeordneten Positionen aufzeigen. AAGPBL und Film verdeutlichen also eine besonders im Bereich der Arbeit geltende Argumentation: Arbeitende Frauen müssen sich offenbar, wie die Baseballerinnen, an den Regeln der Männer messen lassen. Wird dieser Maßstab angelegt, erfolgt ihre Anerkennung über Mechanismen der Übernahme männlich konnotierter Positionen bzw. der Einforderung von zunächst nur Männern eingeräumten Rechten.

Die Zuordnung bestimmter Tätig- und Wertigkeiten zu geschlechtlichen Rollenbildern kommt im Zusammenhang mit den Begriffen Arbeiterin und Arbeiter häufig zum Ausdruck. Obgleich Frauen schon immer auch Arbeiterinnen waren,[15] ist der Begriff Arbeiterin als Bezeichnung der arbeitenden Klasse deutlich weniger verbreitet als der des Arbeiters. *Wikipedia*, die sich als Barometer aktueller Wissensstände anbietet, definiert die Arbeiterin als weibliche Form des Arbeiters, während der Arbeiter „ein Mensch [ist] mit Erwerbstätigkeit, die weitgehend aus physikalischer Arbeit ohne Selbständigkeit besteht."[16] Arbeiterinnen hingegen müssen keine Menschen sein, denn sie bezeichnen auch „eine Kaste bei staatenbildenden Insekten, z. B. bei den Honigbienen und den Ameisen."[17] Dafür hält die deutsche Sprache einen eigenen Begriff für arbeitende Frauen bereit, nämlich den der Frauenarbeit[18] – einen Artikel über ‚Männerarbeit' hingegen gibt es bei *Wikipedia* nicht.

Wie Frauen abwesende Männer auf deren ‚Feldern' ersetzen und so etwa als Sportlerinnen oder ‚Trümmerfrauen' Aufwertung erfahren, wird interessanterweise gerade für Katastrophenzustände wie die der

15 Vgl. z. B. Anke Wolf-Graaf: *Die verborgene Geschichte der Frauenarbeit. Eine Bildchronik.* Weinheim / Basel: Beltz 1983.

16 Arbeiter. In: *Wikipedia*. http://de.wikipedia.org/wiki/Arbeiter (Zugriff am 19.08.2014).

17 Arbeiterin. In: *Wikipedia*. http://de.wikipedia.org/wiki/Arbeiterin (Zugriff am 19.08.2014).

18 „Frauenarbeit bedeutet heute im *engeren* Sinne die Erwerbstätigkeit von Frauen, ferner sämtliche Aufgaben (zum Beispiel Kinderbetreuung, Mithilfe im familiären Betrieb), die Frauen durch eine soziale Rolle zugeordnet werden, sowie das Engagement im Bereich von Interessenvertretung, Bildung und so weiter zugunsten von Frauen. […] Die Frauenbewegung der 1970er Jahre machte darauf aufmerksam, dass auch Hausarbeit eine (über die Unterhaltspflicht entgoltene) Form der Arbeit ist." (Frauenarbeit. In: *Wikipedia*. http://de.wikipedia.org/wiki/Frauenarbeit (Zugriff am 19.08.2014).)

Abb. 1: Beein' Cologne (2011).

Weltkriege betont. Mythisierungen und Klischees, die Kriegszeiten als Emanzipationszeiten der Frau verklären, zeigen sich so als Auswirkungen diskursiver Genderzuordnungen der Arbeiterin. Kriege als Kausalzusammenhang für notgedrungene Frauenarbeit dienen als Hauptargument für eine erstarkte Präsenz der Frau in der Arbeitswelt, ihrer Emanzipation vom häuslichen Leben und die Übernahme ‚männlich konnotierter Aufgabenbereiche', woraus schließlich eine Veränderung gesellschaftlicher Rollenzuschreibungen resultiere. Es wird angenommen, „dass die Kriegsmobilisierung der Frauen im Ersten Weltkrieg zu strukturellen und bewusstseinsmäßigen Veränderungen der Geschlechterverhältnisse geführt hat, die nicht auf allen Ebenen revidiert werden konnten."[19] Musste also zuerst der Beweis der Arbeitsfähigkeit erbracht werden, um den Status des weiblichen gesellschaftlichen Subjektes zu rechtfertigen? Die Aufarbeitung solcher Diskurse dokumentiert einen historischen Geschlechterkampf, der sich am Status des Arbeiters entzündet:

> Es ist auch meines Erachtens zutreffend, daß die Frauenarbeit nicht überschätzt werden darf. Fast die ganze geistige Arbeit, die schwere körperliche, sowie alle

19 Frauenarbeit. In: *Wikipedia.*

eigentlich erzeugende Arbeit werden nach wie vor auf den Männern lasten – neben der ganzen Kriegführung. Es wäre gut, wenn diese Tatsache auch öffentlich deutlich zum Ausdruck gebracht würde und der weiblichen Agitation auf Gleichstellung in allen Berufen, und damit natürlich auch in politischer Beziehung, ein Riegel vorgeschoben würde.[20]

Angesichts dieser umstrittenen Übernahmepraxen erscheint die Einführung des Frauenwahlrechts kurz nach dem Ersten Weltkrieg als folgerichtige, politische und verfassungsrechtliche Gleichstellung der Frau über den Weg der Arbeit – wie auch die Frauenbewegung sich maßgeblich an Arbeitsrechten orientierte: „die erste Generation der Frauenbewegung […] glaubte, ihr Ziel, den Frauen Selbständigkeit und Mündigkeit zu erkämpfen, nur über das Recht auf Bildung und Arbeit zu erreichen."[21] Arbeit wird also neben Bildung zur Voraussetzung der Genese gesellschaftlicher Anerkennung.
Die Bundeszentrale für Politische Bildung bemüht sich, Quellenforschung und Zusammenhänge in den Diskurs einzubringen. So verbindet sie etwa Zahlen über den Zuwachs weiblicher Arbeitskräfte in Industriebetrieben von 46% im Vergleich der Jahre 1913 und 1918[22] mit dem Hinweis, dass sie keine im ‚frauenarbeiterischen' Sinne neue, positiv zu bewertende Tendenz seien, sondern als „Verschiebungen innerhalb der Gruppe der erwerbstätigen Frauen, die ihre bisherigen Arbeitsplätze in den Konsumgüterindustrien, aber auch im häuslichen Dienst teilweise verloren hatten"[23], bewertet werden müssen. Diese Arbeiterinnen galten also unter Umständen bis dato nicht als solche und wurden in Statistiken über Arbeiter also auch nicht erfasst. Zudem wird einer Romantisierung von Kriegsarbeit entgegengewirkt, indem „vermeintliche Fortschritte wie die Übernahme bisher Männern vorbehaltener Tätigkeiten" eben als vermeintlich reflektiert

20 Chef des Generalstabes des Feldheeres v. Hindenburg an Reichskanzler v. Bethmann Hollweg, 23.10.1916. In: Erich Ludendorff (Hrsg.): *Urkunden der Obersten Heeresleitung über ihre Tätigkeit 1916/18*. Berlin: Mittler 1921, S. 78–79, zit. n. Wolfgang Kruse: Frauenarbeit und Geschlechterverhältnisse. http://www.bpb.de/geschichte/deutsche-geschichte/ersterweltkrieg/155330/frauenarbeit-und-geschlechterverhaeltnisse (Zugriff am 19.08.2014).

21 Rosemarie Nave-Herz: *Die Geschichte der Frauenbewegung in Deutschland*. Hannover: Niedersächsische Landeszentrale für politische Bildung 1997, S. 7.

22 Größe und Zusammensetzung der deutschen Arbeiterschaft in Industriebetrieben mit 10 und mehr Beschäftigten; absolute Zahlen jeweils in 1000 Arbeitern; relative Veränderungen in Prozent. In: Jürgen Kocka: *Klassengesellschaft im Krieg. Deutsche Sozialgeschichte 1914–1918*. Frankfurt am Main: Fischer 1988, S. 27.

23 Kruse: Frauenarbeit und Geschlechterverhältnisse.

werden und nicht per se als „Aufbruch zu neuen Ufern".[24] Die katastrophalen Bedingungen als „Notlagen und Lebensnotwendigkeiten", „Ausbeutung und Abnutzung" werden betont, die folglich „keine nationale oder feministische Begeisterung, sondern Unzufriedenheit und Protestbereitschaft hervorriefen."[25]

Diese Diskurse fragen letztlich auch, inwieweit die Arbeit betreffende Gender-Voranahmen noch immer gültig und ob die Benachteiligung von arbeitenden Frauen, was Löhne und Gehälter oder Einstellungspraktiken überhaupt betrifft, deren Ausdruck sind. Wenn jedoch ein gesellschaftlicher Subjekt-Status am Arbeitsbegriff hängt, wirkt sich das freilich nicht nur auf Frauen aus, auf die der Begriff nicht angewendet wird und die als Arbeitende also nicht zählen, sondern schafft im Rückschluss für alle ‚Arbeitslosen' das Dilemma mangelnder gesellschaftlicher Geltung. In diesem Zusammenhang zeigen Diskurse um die Anerkennung von Sorgearbeit,[26] dass hier nicht nur Definitionen von Geschlechterrollen, sondern auch Definitionen der Arbeit aktuell verhandelt werden müssen.

**

Werk und Zwang

Arbeit, und damit der Status des_der Arbeiter_in, lässt sich, zumindest in der kapitalistischen Gesellschaft der Gegenwart, aber vielleicht gilt dies auch darüber hinaus, zwischen zwei Polen aufgespannt betrachten: dem des Werks und der (Selbst)Verwirklichung und dem der Notwendigkeit und des Zwangs. Die Notwendigkeit der Arbeit ergibt sich aus der Notwendigkeit des Erwerbs von Lebensmitteln (entweder durch direkte Produktion oder durch gesellschaftliche Vermittlung wie das Geld), während das Werk als von ihr losgelöste Frucht der Arbeit immer auch das Versprechen von etwas in sich trägt, das jenseits der gesellschaftlichen Inwertsetzung im Maß des Geldes als Maß der Arbeit und ihres Wertes einen Bestand habe,[27] das

24 Kruse: Frauenarbeit und Geschlechterverhältnisse.

25 Ebd.

26 Vgl. z. B. Brigitte Aulenbacher: Sorgearbeit im Gegenwartskapitalismus. In: *prager frühling* 14 (2012), S. 30–31; Helma Lutz: Unsichtbar und unproduktiv? Haushaltsarbeit und Care Work – die Rückseite der Arbeitsgesellschaft. In: *Österreichischen Zeitschrift für Soziologie* 35,2 (2010), S. 23–57; Dierk Hirschel: Die Zukunft der Sorgearbeit. http://www.weltderarbeit.de/start271.pdf (Zugriff am 19.08.2014).

27 Zur Funktion des Geldes als Maß der kapitalistischen Gesellschaft vgl. Frank Engster: *Das Geld als Maß, Mittel und Methode. Das Rechnen mit der Identität der Zeit.* Berlin: Neofelis 2014.

anderes zu bedeuten imstande sei als Geldwert, als dieser Ausdruck der kapitalistischen Zwangsvermittlung.

Mit Blick auf die Veränderung der Arbeitsformen in Teilen, wenn auch evtl. den in besonderem Maße ‚wertschöpfenden' Teilen der gegenwärtigen Arbeitsgesellschaft wird u. a. von Paolo Virno die Ablösung des Herstellens eines Werks in materieller Arbeit, wie im Handwerk oder im Fordismus, durch Vorgänge immaterieller Arbeit, die auf der Virtuosität und (Selbst)Verwirklichung des_der Arbeiter_in basieren, kritisch untersucht und beschrieben.[28] Dabei kann das ideologische Paradigma der Selbstverwirklichung im Neoliberalismus auch der Internalisierung des kapitalistischen Zwangs zu arbeiten in einem Maße dienen, dass dieser von dem_der Arbeiter_in im eifrigen Bemühen um die Erfüllung der versprochenen Selbstverwirklichung, die das Selbst als Subjekt-Objekt solchen Arbeitens erscheinen lässt, gar nicht mehr als Zwang wahrgenommen wird. Der Zwang der kapitalistischen Verhältnisse wäre also immer wieder kritisch in Erinnerung zu rufen gegen das Versprechen der Selbstverwirklichung, auch wenn sich dieses als solches, als Versprechen von Freiheit in der Arbeit und einem nicht-entfremdeten Verhältnis zum Werk dieser Arbeit, andererseits nicht einfach verwerfen lässt. Insbesondere wenn man historisch und gegenwärtig auf andere Arbeitsverhältnisse blickt, die bei weitem nicht so privilegiert sind wie die postfordistischen Arbeitsverhältnisse, um die es z. B. bei gegenwärtigen Untersuchungen zu immaterieller Arbeit häufig geht, wäre sowohl an den Zwang der kapitalistischen Verhältnisse als auch die Möglichkeit eines anderen Arbeitens, das Selbstverwirklichung verspricht, zu erinnern. Auch die postfordistischen Arbeitsverhältnisse durchzieht somit ein dialektisches Verhältnis von Werk als Erfüllung oder Verwirklichung und Notwendigkeit als Zwang, wie es sich in anderer Form z. B. im ambivalenten Verhältnis der historischen Arbeiterbewegung zur Arbeit im Fordismus finden lässt, die als Ausbeutungsverhältnis zu überwinden sei und an der sich doch als Werkverhältnis Stolz aufrichtete, bis hin zu einer Fetischisierung von Arbeit, und auch Identität bildete.

Das Versprechen der (Selbst)Verwirklichung des_der Arbeiter_in, nicht zuletzt in künstlerischer Arbeit, verweist somit immer auf das Versprechen im Werkaspekt der Arbeit, sich als Werk – auch wenn es sich bei dem Werk um etwas Immaterielles, Virtuoses, Vergängliches

28 Vgl. z. B. Paolo Virno: *Grammatik der Multitude. Öffentlichkeit, Intellekt und Arbeit als Lebensformen*. Wien: Turia + Kant 2005.

handelt – dem Markt als Ort der Vermittlung kapitalistischer Zwangsverhältnisse zu entheben. Auch wenn der Wunsch, die Arbeit dem Markt zu entheben, selbst dem Markt zu Diensten gemacht werden kann, delegitimiert das noch nicht diesen Wunsch, dessen Erfüllung angesichts der bestehenden kapitalistischen Verhältnisse jedoch nicht in Aussicht steht. Also keine (gesamtgesellschaftliche) Aufhebung des Verhältnisses der genannten zwei Pole in der Arbeit und im Status des_der Arbeiter_in zugunsten des Werks und der (Selbst) Verwirklichung.

Stattgefunden hat allerdings historisch, und daran sei in Anbetracht des 100. Jahrestages des Beginns des Ersten und 75. Jahrestages des Beginns des Zweiten Weltkriegs erinnert, in Deutschland die massenhafte Zuspitzung dieses Verhältnisses in der Arbeit und im Status der Arbeiter_innen ganz auf den Pol des Zwangs. Während Deutschland bereits im Ersten Weltkrieg 2,5 Millionen Kriegsgefangene und eine halbe Millionen ziviler Zwangsarbeiter, v. a. aus Belgien und Polen, eingesetzt hatte, wurde während des Zweiten Weltkriegs der Zwangsarbeitereinsatz zu einem zentralen Bestandteil der nationalsozialistischen Arbeitspolitik und erreichte weitaus größere Ausmaße.[29] Eingesetzt wurden zivile Zwangsarbeiter_innen, Kriegsgefangene und nicht zuletzt KZ-Häftlinge in allen wirtschaftlichen Bereichen von der Landwirtschaft bis zur industriellen Produktion. Gerade die Arbeitsbedingungen der etwa 700.000 zur Zwangsarbeit eingesetzten KZ-Häftlinge lassen sich als eine völlige Reduzierung des Status der Arbeiter_innen auf den Pol des Zwangs verstehen, da es hier nicht einmal mehr um die Arbeit zum Erhalt der Arbeitskraft, sondern um eine „Vernichtung durch Arbeit" ging, das zu erreichende Werk also der Tod der Arbeitenden war. So beschreibt Marcel Ginzig, der nach mehreren anderen Lagern schließlich auf der Fabrikbaustelle der I. G. Farben bei Auschwitz als Zwangsarbeiter eingesetzt wurde, die von der Arbeit und dem Nahrungsmangel entkräfteten und zerstörten KZ-Häftlinge:

29 Für die hier und im Folgenden genannten Zahlen und Ausführungen zu den historischen Verhältnissen der NS-Zwangsarbeit vgl. Mark Spoerer: Zwangsarbeit im Dritten Reich. http://www.wollheim-memorial.de/files/993/original/pdf_Mark_Spoerer_Zwangsarbeit_im_Dritten_Reich.pdf (Zugriff am 11.09.2014), bzw. ausführlicher ders.: *Zwangsarbeit unter dem Hakenkreuz. Ausländische Zivilarbeiter, Kriegsgefangene und Häftlinge im Dritten Reich und im besetzten Europa 1939–1945*. Stuttgart: DVA 2001.

> Das war, wie soll ich es sagen, es waren Schatten von Menschen, die mit der Kraft ihrer Ermüdung gingen. Die arbeiteten, als ob sie nicht arbeiteten. Die nicht dachten, die bereits ganz und gar, ich sage nicht, blöde waren, ich weiß nicht, was sie waren. Sie waren, sie waren nicht Menschen, sie waren einfach nur Sklaven ohne Gedanken, ohne alles. Ein Arbeitstier, bis er hinfiel, und das war es.[30]

Doch auch wenn von Seiten des den Zwangsarbeitseinsatz organisierenden NS-Regimes die Vernichtung durch Arbeit, insbesondere im Falle jüdischer KZ-Häftlinge, vorrangig vor dem materiellen Ergebnis dieser Arbeit war, so setzten doch Unternehmen diese KZ-Häftlinge eben auch aus kapitalistischen Ausbeutungsgründen ein. Es ging ihnen, während sie die antisemitische Vernichtungsideologie des NS lebten, um den Ausbau – z.B. bei der Errichtung von Fabriken oder in der Produktion – oder um die Sicherung – wie in der Untertageverlegung von industriellen Produktionsanlagen in den letzten Kriegsjahren – ihres Kapitalstocks. Denn das Kapital eines Unternehmens vergrößert sich umso mehr, je weniger für die angeeignete Arbeit zu zahlen ist, je mehr des Werks und des Werts an den geht, der den Zwang ausübt und den_die andere_n seiner_ihrer Arbeit zu enteignen vermag.

Das aus NS-Zwangsarbeit gewonnene Kapital vermehrt sich in deutschen Kapital- und Arbeitsverhältnissen auch heute weiter. So folgert Mark Spoerer:

> Der Kapitalstock der west-deutschen Industrie war 1948 trotz Luftkrieg und Demontage um 20% größer und deutlich jünger als vor dem Krieg. Die heutigen Aktionäre und Mitarbeiter von Industrieunternehmen beziehen Dividenden und Gehälter aus einem Kapitalstock, dessen Grundlagen in den letzten Kriegsjahren nur noch mit Hilfe von Zwangsarbeitern errichtet und ausgebaut werden konnten.[31]

***

Die aktuelle Ausgabe eröffnen vier Perspektiven auf Theorien der Arbeiter_innen. Zunächst widmet sich Torsten Bewernitz gegenwärtig konkurrierenden Klassenbegriffen. Harald Strauß fragt im folgenden Beitrag unter Bezugnahme auf unterschiedliche Theoriemodelle nach der Formation der Lohnabhängigen und ihren gesellschaftlichen Bedingungen in der Gegenwart. Darauf folgend untersucht

30 Marcel Ginzig, Lebensgeschichtliches Interview [Hebr.], 25./26.7.2007. Archiv des Fritz Bauer Instituts, Norbert Wollheim Memorial. http://www.wollheim-memorial.de/de/marcel_ginzig (Zugriff am 11.09.2014).

31 Spoerer: Zwangsarbeit im Dritten Reich, S. 32.

Michael Beron anhand der Figur des fröhlichen Roboters die Universität des Neoliberalismus als ‚frohsinnige' Unternehmerschmiede der Subjektinszenierung und -reproduktion, und Leon Gabriel stellt die Probe als Methode der Theaterarbeit zwischen Öffnung und Schließung vor.

Im künstlerischen Beitrag bewerben sich Swoosh Lieu als Schreibarbeiterinnen für *Nebulosa.*

Verschiedene Lektüren fokussieren hernach einzelne Phänomene aus dem weiten Feld, in dem Arbeiterinnen und Arbeiter sich beweg(t)en. Nach frühen Konzepten der Lohnarbeit fragend, wirft Philipp Reick einen Blick auf die Anfänge der US-amerikanischen und deutschen Arbeiterschaft im 19. Jahrhundert, während Ulf Teichmann im darauf folgenden Beitrag das Verhältnis von Arbeiterschaft und '68er-Bewegung kritisch untersucht. Anna Hollendung rückt den Menschenhandelsdiskurs der letzten Jahre und die sich in diesem Zusammenhang konstituierende europäische Politik in den Fokus. Den Kultfilm *Night of the Living Dead* betrachtet Peter Schuck und spiegelt davon ausgehend den Gemeinschaftsbegriff Maurice Blanchots in der Figur des Zombies, schließlich nimmt Cora Rok die Repräsentation der Arbeitswelt in ausgewählten Literaturbeispielen der Gegenwart in den Blick.

Den abschließenden Beitrag der vorliegenden Ausgabe liefert Juliane Spitta. Sie setzt sich im Forum mit Moritz Altenrieds und Tina Turnheims Artikel „Ereignis und Dauer. Sieben Thesen zum gegenwärtigen Erwachen der Geschichte" auseinander, der die vorangegangene Ausgabe von *Nebulosa* zum Thema „Subjekte der Geschichte" eröffnete.

An und für sich
Annäherungen an ein neues Klassenverständnis

Torsten Bewernitz

> Man soll auch nie vergessen, dass Arbeiter nicht kämpfen, weil sie das Kapital gelesen haben, sondern weil sie ihre eigenen Interessen aus ihrer unmittelbaren Erfahrung vertreten.
> (Cajo Brendel)[1]

> Keep the faith in powers
> Of integrity
> Progressive proletarians
> Capitalist strongest enemy
> (Kreator: Progressive Proletarians)

Mit der aktuellen Weltwirtschaftskrise ist der Klassenbegriff in die gesellschaftlichen Debatten zurückgekehrt. Dabei ist allerdings keineswegs unbedingt von einer Arbeiterklasse[2] die Rede, wohl aber vermehrt von einer zunehmenden Spaltung von sozialen Schichten: In Griechenland, Irland und Spanien hat sich die Zahl der Haushalte ohne Arbeitseinkommen von 2008 bis 2014 verdoppelt. Estland, Italien, Griechenland, Irland und Spanien haben die höchsten Einkommensverluste von Geringverdienerhaushalten.[3] Auch in Deutschland sieht die Situation – wenngleich auf höherem Niveau – nicht anders aus: Während ein Prozent der Bevölkerung über ein jeweils individuelles Vermögen von durchschnittlich etwa 800.000 Euro verfügt,

1 Zit. nach Gerhard Hanloser: Der Rätekommunismus. In: Marcel Bois / Bernd Hüttner (Hrsg.): *Beiträge zur Geschichte einer pluralen Linken. Heft 1: Theorien und Bewegungen vor 1968*. Berlin: Rosa Luxemburg Stiftung 2012, S. 7–11, hier S. 9.

2 Ich unterscheide im Folgenden begrifflich ‚Arbeiterklasse' einerseits und ‚Arbeiter_innenklasse' andererseits. Die rein männlichen Bezeichnungen beziehen sich auf die philosophische oder politische Tradition und Debatte, die ‚Arbeiter' tatsächlich strukturell männlich denkt. Die mit dem gender gap (‚_innen') markierten Bezeichnungen beziehen sich dagegen auf variable Kollektive von individuellen Arbeiter_innen, die multiple Differenzen in geschlechtlicher, ethnischer oder kultureller Zuschreibung aufweisen.

3 OECD 2014: *Society at a Glance 2014: OECD Social Indicators. The Crisis and Its Aftermath.* http://www.oecd.org/els/soc/OECD2014-SocietyAtAGlance2014.pdf (Zugriff am 11.06.2014).

haben 28 Prozent der Bevölkerung kein oder sogar negatives Vermögen (also Schulden). Bezüglich der sozialen Ungleichheit steht Deutschland damit sogar an der Spitze der Staaten der Europäischen Union.[4]

Basierend auf aktuellen quantitativen Untersuchungen und sozialwissenschaftlich-theoretischen Reflexionen warnen Institutionen und Medien vermehrt vor sozialen Unruhen.[5] Es ist allerdings meist nicht die traditionell aufgefasste ‚Arbeiterklasse', die das Subjekt dieser Befürchtungen darstellt. Mit den südeuropäischen Generalstreiks, die allerdings bislang wirkungslos verpuffen, wird diese Arbeiterklasse (in Form von Gewerkschaften) zwar noch assoziiert, aber kaum noch mit dem ‚Arabischen Frühling' einerseits oder mit Riots wie in den Pariser Banlieues 2005, London/Tottenham 2011 oder in Stockholm 2013 andererseits. Sowohl die Demokratisierungsbewegungen in der arabischen Welt wie auch die verschiedenen Riots haben aber mit einer real existierenden Arbeiter_innenklasse mehr zu tun, als in die Öffentlichkeit dringt: Der tunesischen Jasmin-Revolution und den ägyptischen Protesten auf dem Tahrir-Platz gingen starke Streikbewegungen voraus. Dass die Riots im nördlichen Europa ebenfalls von sozial benachteiligten Schichten ausgingen, bedarf keiner Erläuterung. Es berührt allerdings den Kern der Frage, der in diesem Aufsatz nachgegangen werden soll, warum hier kaum von ‚Arbeiterklasse', sondern nur noch von ‚Unterschicht' die Rede ist. Ganz offenbar gibt es ein vorgefasstes Bild von ‚Arbeiterklasse'; und dieses Bild stimmt mit den genannten Riots nicht überein – das spricht nicht nur Bände über klassenspezifische Vorurteile, sondern auch über ethnisierte Zuschreibungen.

4 Markus M. Grabka / Christian Westermeyer: Anhaltend ungleiche Vermögensverteilung in Deutschland. In: *DIW Wochenbericht* 9 (2014), S.151–164, hier S. 151, 156. Die genannten 800.000 Euro erläutern die Autor_innen der Studie an gleicher Stelle wie folgt: „Hierbei ist zu beachten, dass das SOEP wie andere derartige Studien den oberen Rand der Vermögensverteilung nicht vollständig abdeckt und damit unterschätzt, da Milliardäre oder Multimillionäre nicht oder nur unzureichend in der Stichprobe enthalten sind [...]".

5 Z. B. International Labour Office / International Institute for Labour Studies: *World of Work Report 2013. Repairing the Economic and Social Fabric.* Genf: ILO 2013, S. 14. http://www.ilo.org/wcmsp5/groups/public/---dgreports/---dcomm/documents/publication/wcms_214476.pdf (Zugriff am 16.07.2014); David Bell / David Blanchflower: *What Should be Done about Rising Unemployment in the OECD?* IZA Discussion Paper Nr. 4455. Bonn: IZA 2009, S. 21. http://ftp.iza.org/dp4455.pdf (Zugriff am 16.07.2014).

Den Akteuren der englischen Riots 2011 wandte sich Owen Jones in seinem Buch *Prolls* zu, das in der Tat den Untertitel *Die Dämonisierung der Arbeiterklasse* (im englischen Original ebenfalls ,Working Class') trägt.[6] In Jones' Darstellung wird der Zusammenhang durchaus klar: Die Riots rühren auch daher, dass die Zerschlagung der Arbeiterbewegung durch Margaret Thatcher wie auch durch New Labour der Klasse der Arbeitenden ihre traditionellen Protestmöglichkeiten (gewerkschaftliche Organisation, Tarifverhandlungen, Streiks) entriss und die Riots die einzige alternative Protestmöglichkeit sind.[7] Holzschnittartig wird mit dem Vokabular der traditionellen Arbeiterbewegung auch heute noch anhand dieser Bestandsaufnahme das zunehmende Auseinanderklaffen der sozialen Schere mit der Bestandsaufnahme der Existenz einer ,Klasse an sich' beschrieben, die südeuropäischen Generalstreiks wie auch die mit Streiks verbundenen demokratischen Proteste in der arabischen Welt einer ,bewussten' ,Klasse für sich' zugeordnet und die genannten Riots folgerichtig einem vermeintlich ,notwendig falschen Bewusstsein'. Anhand dieser markanten Gegenüberstellung sollte deutlich geworden sein, dass ein solches Verständnis von ,Arbeiter_innenklasse' hochgradig problematisch ist.

Konkurrenz der Klassenbegriffe

Noch problematischer wird die Verwendung derartiger marxistisch-leninistischer Floskeln dann, wenn der Klassenbegriff nicht eindeutig ist. Dabei soll gar nicht behauptet werden, dass es den einen, ,richtigen' Klassenbegriff gäbe, allerdings ergibt die Verwendung bestimmter theoretischer und auch praktischer Ansätze (aus denen die oben zitierten Begrifflichkeiten stammen) jeweils nur in Kombination mit bestimmten Klassenbegriffen überhaupt Sinn. In aktuellen sozialwissenschaftlichen Debatten im deutschsprachigen Bereich sind dies seit

6 Owen Jones: *Prolls. Die Dämonisierung der Arbeiterklasse.* Mainz: Thiele 2012. – Die Übersetzung des englischen Begriffs ,Chavs' mit ,Prolls' ist dabei etwas unglücklich gewählt. Das englische ,Chavs' hat eine ethnisierende (aus dem Romani ,chavi') und eine generationelle (chavi = Kind) Bedeutung, beschreibt also jugendliche Mitglieder der Arbeiterklasse bzw. eines Segments der Arbeiterklasse, wahrscheinlich mit Migrationshintergrund. ,Prolls' dagegen leitet sich von ,Proletariat' ab und hat eine wesentlich deutlichere Konnotation von ,Arbeiterklasse'. Wenngleich ebenfalls meist abwertend verwendet, sind die Bilder, die der Begriff im Kopf aufruft, doch sehr andere.

7 Vgl. ebd., S. 278–282.

geraumer Zeit in erster Linie ein an Marx angelehnter (materialistischer) Klassenbegriff und andererseits ein Klassenbegriff, der sich vor allem aus den Untersuchungen Pierre Bourdieus speist. Dieser Aspekt sei hier nur kurz angerissen, insofern er die Fragestellung der ‚Klasse an sich' und der ‚Klasse für sich' berührt.[8]

Angesichts seiner Felduntersuchungen ordnet Pierre Bourdieu Geschmäcker – Distinktionen – Klassen (bzw. Milieus oder Schichten) zu. Politisch wird diese Zuordnung dann relevant, wenn die Distinktion mobilisierbar wird, wenn also aufgrund eines ‚Bewusstseins' über den gemeinsamen oder ähnlichen Habitus auch eine gemeinsame Mobilisierbarkeit zu erreichen ist. Entscheidend ist, dass erst die „mobilisierte Klasse" für Pierre Bourdieu eine „‚reale' Klasse" ist.[9] Hier findet sich die Tradition des politischen Marxismus wieder, denn die reale Klasse ist folglich eben jene ‚Klasse für sich' mit einem entsprechenden ‚Klassenbewusstsein' – obwohl Pierre Bourdieu diese Begrifflichkeit eigentlich ablehnt.[10] Bourdieus Einsatz für eine Erneuerung des Klassenbegriffs war durchaus eine Intervention in eine bereits stattfindende politisch-marxistische und wissenschaftlich-marxianische Debatte. Sein Konzept orientierte sich an den in den 1960er und 1970er Jahren formulierten neuen Vorschlägen

8 Vgl. Torsten Bewernitz: Klasse[n] von Gewicht. Probleme des Klassenkampfes in der Postmoderne. In: Jürgen Mümken (Hrsg.): *Anarchismus in der Postmoderne. Beiträge zur anarchistischen Theorie und Praxis.* Lich: Edition AV 2005, S. 63–92; ders.: Die Klasse in der Krise. Klassismus, Habitus oder Proletariat? Vortrag auf dem Kongress „Was tun mit dem Erbe? – Die Kombination soziologischer Diagnose und politischen Engagements im Werk Pierre Bourdieus". Bielefeld, 02.10.2009. http://www.fondation-bourdieu.org/fileadmin/user_upload/Files/Bielefeld_2009/bewernitz.pdf (Zugriff am 09.06.2014).

9 Pierre Bourdieu: *Praktische Vernunft. Zur Theorie des Handelns.* Frankfurt am Main: Suhrkamp 1998, S. 24.

10 Vgl. Michael Vester: Die Klassenkonzepte von Marx und Bourdieu. Vortrag zur Diskussion in der Arbeitsgruppe „Klassen- und Gesellschaftsanalyse" bei der Leibniz-Sozietät/Akademie der Wissenschaften, 18.04.2009, Humboldt-Universität, Berlin. http://www.gesellschaft-und-visionen.de/PDF/Vortragsangtebote/Die%20Klassenkonzepte.pdf (Zugriff am 09.06.2014). Pierre Bourdieu beginnt seine Studien gerade gegen den zeitgenössischen Marxismus mit einem engen Begriff von „Arbeiterklasse". Die Ablehnung der Begrifflichkeiten des ideologischen Begriffskanons resultiert natürlich auch daher, dass die ‚Klasse für sich' oder das ‚richtige Bewusstsein' in der politischen Diktion die marxistisch-leninistische Lehre (bzw. „Wissenschaft") meint. Unter anderen Vorzeichen führen aber nicht nur Pierre Bourdieu, sondern zahlreiche andere engagierte Intellektuelle (wie etwa Toni Negri und Michael Hardt) ähnliche Kategorien wieder ein und entfernen sich so nur auf den ersten, oberflächlichen Blick tatsächlich von der Tradition des Marxismus-Leninismus.

einer Sozial- und Alltagsgeschichtsschreibung, die einen wesentlichen Aspekt der verschiedenen Klassenbegriffe, die mit (bzw. trotz) Marx möglich sind, betonten: Strukturell gesehen existieren die Klassen aufgrund der spezifischen Situation im Produktionsprozess – die Arbeiterklasse etwa als jene, „die nichts zu verkaufen haben außer ihre Arbeitskraft, ihre werktätigen Arme und Hirne“[11] –, sozialgeschichtlich dagegen kann die Klasse ebenso aufgefasst werden als das gemeinsam handelnde (kämpfende) Kollektiv.

Dieser Klassenkampf kann dann nicht lediglich als bewusster und selbstbestimmter Prozess verstanden sein, in dem Arbeiter_innen Gewerkschaften beitreten oder gründen, Tarifverhandlungen führen oder streiken. Die konflikthafte Struktur ist wesentlich weiter angelegt, der Klassenkampf findet sich in alltäglichen Handlungen wie dem Verschlafen oder dem Überziehen einer Pause – genauso aber auch in ängstlicher Pünktlichkeit, selbstständigem Pausen- und Urlaubsverzicht oder dem Phänomen des Präsentismus. Diese immerwährende Austragung des Konflikts – bei aller individuell verschiedenen Strategie – haben alle Arbeiter_innen gemeinsam: Das macht sie zur Klasse.

Wenn der Begriff der ‚Klasse‘ entsprechend relational und akteursbasiert definiert ist, macht die Trennung in ‚an sich‘ und ‚für sich‘ keinen Sinn mehr, denn konfliktorientiert sind dann beide. Die ‚Klasse für sich‘ ist lediglich eine ‚philosophisch idealisierte‘[12] Definition.

Klassenbewusstsein: Ein ‚politisches‘ Bewusstsein?

Grundsätzlich lässt sich die Frage nach einem adäquaten Klassenbegriff vor dem Hintergrund stellen, wofür er denn eigentlich adäquat sein soll. Es sind im Wesentlichen zwei Fragestellungen, die beantwortet werden sollen; zum einen die Bestandsaufnahme der bestehenden Gesellschaft, insbesondere bezüglich sozialer Ungleichheit; zum anderen das Veränderungspotential, das einer solchen sozialen Gruppe beigemessen wird. Beide Aspekte in Bezug zu setzen, ist die Gretchenfrage emanzipatorischer und kritischer Sozialforschung.

11 Karl Marx: Lohn, Preis, Profit. In: Ders. / Friedrich Engels: *Marx Engels Werke (MEW)*, Bd. 16. Berlin: Dietz 1962, S. 103–152, hier S. 130–131.

12 Redaktion Fantômas: Editorial: Klasse Arbeit. In: *Fantômas* 4 (2003/2004), S. 4–5, hier S. 4.

Die kautskyanisch-leninistische[13] Unterteilung in eine ‚Klasse an sich' (soziale Lage) und ‚Klasse für sich' (soziale Bewegung) kann diese Frage nicht beantworten, denn sie vergisst wesentliche Voraussetzungen der sozialen Beweglichkeit wie die strukturellen (wenn auch durchaus variablen) Rahmenbedingungen und die Machtpotentiale, die verschiedenen Klassen aufgrund der ihnen zugewiesenen gesellschaftlichen Rolle zugeschrieben werden. Obwohl der Ansatz Pierre Bourdieus auf den ersten Blick lediglich eine Analyse sozialer Lagen zu sein scheint, versuchte gerade er, sich an eine Beantwortung der benannten Gretchenfrage zu machen – das wird deutlich, wenn Bourdieu die theoretische Klasse von der tatsächlich mobilisierten Gruppe unterscheidet. Mit der Einbeziehung nicht-ökonomischer Felder geht er über die Erklärungsansätze für ein entstehendes (oder eben nicht entstehendes) Klassenbewusstsein in der Tradition Karl Kautskys oder Wladimir Iljitsch Lenins hinaus, nichtsdestotrotz basiert seine Forschung auf einer ähnlichen Suche nach einem ‚revolutionären Subjekt', das in erster Linie durch ein politisches Bewusstsein – Wissen um die eigene Lage, aber auch um die Begleiterscheinungen sowie der Wille, beides zu ändern – definiert wird. Das ist der Kernaspekt einer klassentheoretischen Kritik an Pierre Bourdieus feldanalytischer Klassentheorie: Sowohl die „von [ihm] konstruierten Klassen" wie auch die „realisierte, das heißt mobilisierte Klasse"[14] reduzieren den Klassenbegriff auf das ‚für sich'. Dass die Klasse auch ‚an sich' immer schon eine kämpfende Klasse ist, muss mit dieser theoretischen Verdoppelung der ‚Klasse für sich' unter den Tisch fallen.
Mit dem Verständnis von ‚Bewusstsein' als einer Sache von Praxis und Erfahrung, die bei Marx an vielfacher Stelle vor allem im Frühwerk belegbar ist[15] – Bourdieu beruft sich in seinem Praxis-Bezug zu Recht auf die Feuerbach-Thesen –, sind die Thesen der sozialhistorischen Schule der 1960er/1970er Jahre (etwa E. P. Thompson, Alf Lüdtke oder Erhard Lucas-Busemann) näher an dem Philosophen

13 Zu Kautskys maßgeblichem Einfluss auf den ‚offiziellen' Marxismus vor allem in Leninscher Ausprägung sowie seiner Klassenkonzeption vgl. Paul Mattick: Karl Kautsky: Von Marx zu Hitler (1939). In: *Archiv für die Geschichte des Widerstands und der Arbeit* 13 (1994), S. 47–62.

14 Bourdieu: *Praktische Vernunft*, S. 24–25.

15 Karl Marx / Friedrich Engels: Die deutsche Ideologie. In: *MEW*, Bd. 3. Berlin: Dietz 1973, S. 9–530, hier S. 70.

Karl Marx als die ‚offiziellen' Marxisten[16] in der Tradition Kautskys und Lenins:

> Die Geschichte aller Länder zeugt davon, dass die Arbeiterklasse ausschließlich aus eigener Kraft nur ein trade-unionistisches Bewußtsein hervorzubringen vermag […] Die Lehre des Sozialismus ist hingegen aus den philosophischen, historischen und ökonomischen Theorien hervorgegangen, die von den gebildeten Vertretern der besitzenden Klassen, der Intelligenz, ausgearbeitet wurden.[17]

Mit Kautsky und Lenin wird die erfahrungsbasierte Bewusstheit über die eigene soziale Lage ersetzt durch politisches, intellektuelles Wissen. Durch diese parteimarxistische Interpretation gewinnt eine intellektuelle Schicht an Relevanz. ‚Programmatik' und ‚Weltbild', hochgradig ideologisch aufgeladene Begriffe, sollen ausgerechnet Grundbedingungen dafür sein, einen vermeintlichen (bürgerlichen) ‚Idealismus' für einen ‚Materialismus' kollektiv hinter sich zu lassen.

Die Rolle der ‚Intellektuellen'

Mit der Leninschen Unterteilung in ein ‚trade-unionistisches' und ein ‚politisches' bzw. ‚sozialistisches' ‚Klassenbewusstsein' war – Lenin benennt dies ja wörtlich – die ‚Intelligenz' als politischer Akteur eingeführt. Lenins Zitat entstammt genau der Zeit – *Was tun?* wurde 1902 erstmals veröffentlicht –, als sich in Russland seit den 1860er Jahren ein spezifisches Konzept einer ‚Intelligencja' als Schicht entwickelt hatte und die Figur des Intellektuellen sich auch in Frankreich im Rahmen der Dreyfus-Affäre im Sprachgebrauch etablierte.[18] Die Problematik der Einführung dieser Figur in einen politischen Klassen-Diskurs liegt nicht nur darin, dass hier nach der Arbeiterklasse erneut eine spezifische Gruppe von Menschen mit einer historischen Mission betraut wird, sondern mehr noch darin, dass die so bezeichnete Gruppe als ‚Klasse' imaginiert wird, also als etwas von der Arbeiter_innenklasse Verschiedenes einerseits und mit ihr Vergleichbares andererseits. Die Kategorie ‚Intellektuelle' mag ein spezifisches Milieu (bzw. einige davon) beschreiben, aber keine Klasse: Es

16 Auch hier fehlt der gender gap, da eine strukturelle Männlichkeit vor allem unter den Theoretiker*n* dieses „Marxismus" angenommen werden kann.

17 Wladimir Iljitsch Lenin: *Was tun? Brennende Fragen unserer Bewegung.* Berlin: Dietz 1971, S. 62.

18 Dietz Bering: *Die Epoche der Intellektuellen 1898–2001. Geburt, Begriff, Grabmal.* Berlin: Berlin University Press 2010.

gibt sowohl Intellektuelle, die nach der Definition Marx' zur Arbeiter_innenklasse gehören, als auch solche, die nicht dazu gehören. Dies führt mehr noch als bei der Kategorie ‚Arbeiterklasse' zu überzogenen und meist enttäuschten politischen und emanzipatorischen Erwartungen an die Gruppe der Intellektuellen. Tatsächlich war es historisch eher die Ausnahme, dass Intellektuelle die Position der Ausgebeuteten oder Entrechteten vertreten. Effekte der Leninschen Argumentation sind die Begrifflichkeiten eines ‚notwendig falschen Bewusstseins' (Georg Lukács)[19], eines in der Arbeiter_innenklasse nicht wahrgenommenen ‚Verblendungszusammenhangs' (Theodor W. Adorno)[20] oder auch die ‚ideologischen Staatsapparate' Louis Althussers[21]. Selten dagegen wurde die Frage gestellt, woher die imaginäre Gruppe der Intellektuellen diese ‚übernatürliche' Fähigkeit hat, wenn die sozioökonomischen Verhältnisse (o. a.) das Denken der Menschen so determinieren, dass sie die wahre ‚Natur' der gesellschaftlichen Verhältnisse nicht erkennen können. Der dem Marxismus oftmals vorgeworfene Determinismus findet hier seine scharfe Spitze für eine intellektuelle Herrschaft, indem die ökonomische Kategorie auf die intellektuellen Kapazitäten der Akteur_innen ausgeweitet wird.

Antonio Gramsci führt alternativ die Kategorie der ‚organischen Intellektuellen' ein, die, je nach Lesart, als Intellektuelle aus der Arbeiter_innenklasse verstanden werden können oder als jene Intellektuellen, die den Organen (Partei, Gewerkschaft) der Arbeiterbewegung treu ergeben sind. Karl Heinz Roth bemerkt, dass eben jene ‚organischen Intellektuellen' auch „reaktionäre Komponenten" repräsentierten:

> Autoritäre Verhaltensweisen, ein extrem patriarchalisches Unterwerfungsverhalten gegenüber Frauen, ein oftmals völkisch übersteigerter Nationalismus, der den Migrantinnen und Migranten gegenüber kein Pardon kannte und eine transkulturelle und internationalistische Öffnung der Arbeitermilieus blockierte.[22]

19 Georg Lukács: *Geschichte und Klassenbewusstsein. Studien über marxistische Dialektik.* Berlin / Neuwied: Luchterhand 1970.

20 Theodor W. Adorno / Max Horkheimer: *Dialektik der Aufklärung. Philosophische Fragmente.* Frankfurt am Main: Fischer 2006.

21 Louis Althusser: Ideologie und ideologische Staatsapparate. Notizen für eine Untersuchung. In: Ders.: *Ideologie und ideologische Staatsapparate*, 1. Halbband. Hamburg: VSA 2010, S. 37–102.

22 Karl Heinz Roth: Die Intelligenz und die „soziale Frage" – aus heutiger Sicht. In. *Grundrisse. Zeitschrift für linke Theorie und Debatte* 18 (2006), S. 5–11, hier S. 8.

John Holloway merkt entsprechend an, das Konzept der ‚organischen Intellektuellen' sei „nur eine Variante dieses Themas", das er wie folgt zusammenfasst:

> Die Betonung des fehlenden Verständnisses der Arbeiterklasse wird gewöhnlich (zwangsläufig?) von der Annahme begleitet, dass die Arbeiterklasse ‚jene' seien. ‚Sie' haben die falschen Vorstellungen, darum ist es an uns (die wir die richtigen Vorstellungen haben), sie aufzuklären, sie zu erhellen, ihnen das wahre Bewusstsein zu bringen.[23]

Dies sagt vor allem etwas über einen völlig missverständlichen Klassenbegriff aus, der die Arbeiterklasse auf „die abhängig Beschäftigten der fordistischen Fabrik, den weißen, männlichen Facharbeiter verengt".[24]

Aufgebrochen wurde dieser falsche Zusammenhang zwischen einer unbewussten ‚Klasse an sich' und einer intellektuell geführten ‚Klasse für sich' in den 1970er Jahren. Nicos Poulantzas betont 1972, dass die Intellektuellen „im allgemeinen verschiedenen gesellschaftlichen Klassen" angehören, und kritisiert damit eine Konzeption von Intellektuellen als „distinkte Klasse", der „nunmehr die Rolle der Avantgarde zukomme".[25] In eine ähnliche Richtung geht auch Bourdieus Intellektuellen-Kritik in *Die feinen Unterschiede*.[26] Nur angedeutet sei an dieser Stelle, dass die Marxismus-Kritik im Poststrukturalismus zumeist keine dezidierte Marx-Kritik, sondern eine Kritik an eben diesem Aspekt des Marxismus ist, wie u.a. bei Michel Foucault deutlich wird:

> Seit vielen Jahren verlangt man nun schon nicht mehr, daß ein Intellektueller diese Rolle spielt. […] Die Intellektuellen sind dazu übergegangen […,] in bestimmten Bereichen und an spezifischen Punkten, kurz dort, wo sie in ihren Arbeits- und Lebensbedingungen betroffen sind (am Wohnort, im Krankenhaus, im Irrenhaus, in den Forschungsstätten, an der Universität, in den Familienverhältnissen und in der Sexualität[ ]) [, ihre Arbeit anzusiedeln.] Dabei haben sie sich ein sehr viel konkreteres und unmittelbareres Bewußtsein der Kämpfe erworben […, die] sich oft von denen des Proletariats und der Massen

23 John Holloway: *Die Welt verändern ohne die Macht zu übernehmen*. Münster: Westfälisches Dampfboot 2002, S. 71.

24 Redaktion Fantômas: Editorial, S. 4.

25 Nicos Poulantzas: *Zum marxistischen Klassenbegriff*. Berlin: Merve 1973, S. 30–31.

26 Vgl. Michael Vester: Die Klassenkonzepte von Marx und Bourdieu. Vortrag zur Diskussion in der Arbeitsgruppe „Klassen- und Gesellschaftsanalyse" bei der Leibniz-Sozietät/Akademie der Wissenschaften, 18.04.2009, Humboldt-Universität, Berlin. http://www.gesellschaft-und-visionen.de/PDF/Vortragsangtebote/Die%20 Klassenkonzepte.pdf (Zugriff am 09.06.2014), S. 12.

> unterschieden. Und dennoch haben sie sich ihnen in Wirklichkeit angenähert [...]: zum einen, weil es sich um reale, materielle, tägliche Kämpfe handelte, und zum anderen, weil sie oft, wenn auch in anderer Form, auf denselben Gegner stießen [...].[27]

Das ‚Multiversum der arbeitenden Klassen'

Die ‚Klasse für sich' findet sich durchweg in den Köpfen von Wissenschaftler_innen[28] – oft auch dann, wenn deutlich ein anderer Anspruch formuliert wird. Die ‚Klasse an sich' kann insofern tatsächlich als „verlorene Klasse" gelten.[29] Es sind letztlich vier Aspekte, die diese Problematik ausmachen: *Erstens* die Verkennung des Aspekts, dass der Klassenkampf genannte Konflikt immer schon stattfindet und die Klassen ‚an sich' bereits als kollektive Akteure konstituiert hat. *Zweitens* der Aspekt, dass die gesellschaftsverändernden Möglichkeiten dieses Konflikts nicht in einer historischen Mission, einem Weltgeist o. Ä., sondern direkt in den Machtverteilungen dieses Konflikts liegen, damit aber auch immer nur einige von vielen Möglichkeiten sind. *Drittens* der damit eng zusammenhängende Aspekt, dass die Richtung, die dieser Konflikt nimmt, offen ist und kein vorbestimmtes Ende kennt. Und *viertens*, dass der kollektive Akteur Arbeiter_innenklasse äußerst heterogen und wandelbar ist – und damit die multiple Arbeiter_innenklasse mit der marxistisch imaginierten Arbeiterklasse kaum Ähnlichkeiten aufweist.

Hat also die Arbeiter_innenklasse eine Essenz? Hat sie vor allem eine Essenz, die nicht identisch ist mit der imaginierten ‚Arbeiterklasse'? Wenn es eine solche gibt, dann wäre sie am wahrscheinlichsten zu finden in Karl Marx' Definition des Arbeiters als doppelt freiem Lohnarbeiter, „frei in dem Doppelsinn, dass er als freie Person über seine Arbeitskraft als seine Ware verfügt, dass er andrerseits andre

27 Michel Foucault: *Dispositive der Macht. Michel Foucault über Sexualität, Wissen und Wahrheit.* Berlin: Merve 1978, S. 44–45. Zu bemerken ist an dieser Stelle, dass Gayatri Chakravorty Spivak: *Can the Subaltern Speak? Postkolonialität und subalterne Artikulation.* Wien: Turia + Kant 2008, die Position Foucaults kritisiert, indem sie feststellt, dass Foucault als Wissenschaftler dennoch stellvertretend für die subalternen Klassen spricht. Der Begriff der „subalternen Klasse" wurde eingeführt von Antonio Gramsci und meinte ursprünglich nichts anderes als „Arbeiterklasse".

28 Ich rekurriere hier auf Bourdieu: *Praktische Vernunft*, S. 23, wo Bourdieu davor warnt, die „theoretischen Klassen" „kraft einer im Kopfe gefällten Wissenschaftlerentscheidung als *reale* Klassen" wahrzunehmen.

29 Hans-Günter Thien: *Die verlorene Klasse. ArbeiterInnen in Deutschland.* Münster: Westfälisches Dampfboot 2010.

Waren nicht zu verkaufen hat, los und ledig, frei ist von allen zur Verwirklichung seiner Arbeitskraft nötigen Sachen".[30] Bekannterweise wird eben dieses Klassenverhältnis in den vergangenen dreißig Jahren innerhalb der Sozialwissenschaften zunehmend angezweifelt.[31] Nicht zuletzt dagegen sind moderne Klassenanalysen wie jene Pierre Bourdieus oder auch Michael Vesters[32] angetreten. Die Gegenargumente scheinen auf den ersten Blick durchaus plausibel: Wenn die Arbeiterklasse die Klasse derjenigen ist, die nichts außer ihrer Arbeitskraft hat und diese verkauft, was ist dann mit Leiharbeiter_innen, ,Volksaktien'-Besitzer_innen, Soloselbstständigen, Werkverträgler_innen und nicht zuletzt Erwerbslosen – sind diese alle Mitglieder der Arbeiter_innenklasse? Und mit all diesen Fragen sind bislang nur westeuropäische bzw. deutsche Aspekte benannt, die sich global noch einmal multiplizieren!

Die Infragestellung der Marxschen Kategorie des ,doppelt freien Lohnarbeiters' geht noch weiter: Denn weder ist ausgemacht, dass die ,doppelt freie Lohnarbeit' vor dem Kapitalismus lediglich die Ausnahme war, noch ist tatsächlich nachweisbar, dass sie heute global die dominante wirtschaftliche Rolle spielt, die der Marxismus ihr zugewiesen hat.[33] Vor allem aber kommt die ,doppelt freie Lohnarbeit' kaum jemals in einer ,reinen' Form vor. Nach wie vor finden wir eine unerwartet hohe Menge an nicht freier Arbeit, wie etwa der 2013 erstmals erschienene Global Slavery Index nachweist,[34] die Rolle von Subsistenzbäuerinnen und -bauern als immer noch jenen, die einen Großteil der Welternährung sicherstellen, ist hier zu benennen,[35] und

30 Karl Marx: *Das Kapital. Kritik der politischen Ökonomie. Erster Band. MEW*, Bd. 23. Berlin: Dietz 1962, S. 183.

31 Beispielhaft wären die Thesen Ulrich Becks und aktueller Paul Noltes zu nennen. Zur Kritik an dieser Auffassung: Dorothea Schmidt: Mythen und Erfahrungen: die Einheit der deutschen Arbeiterklasse um 1900. In: *ProKla* 175 (2014), S. 191–207, hier S. 191–195, 207.

32 Vgl. Michael Vester / Peter von Oertzen / Heiko Geiling / Thomas Hermann / Dagmar Müller: *Soziale Milieus im gesellschaftlichen Strukturwandel. Zwischen Integration und Ausgrenzung*. Frankfurt am Main: Suhrkamp 2001.

33 Vgl. ausführlich Marcel van der Linden: *Workers of the World. Essays toward a Global Labor History*. Leiden / Boston: Brill 2008.

34 Siehe Walk Free Foundation: Global Slavery Index 2013. http://d3mj66ag90b5fy.cloudfront.net/wp-content/uploads/2013/10/GlobalSlaveryIndex_2013_Download_WEB1.pdf (Zugriff am 08.06.2014).

35 Vgl. Torsten Bewernitz / Horst Steffens: work in progress. Der Wandel der Arbeit von der Frühindustrialisierung bis heute. In: *dramaturgie* 1 (2014), S. 10–14, hier S. 14.

vor allem die unbezahlte Reproduktionsarbeit, die in der Regel von Frauen geleistet wird. Diese Aspekte weisen nicht nur darauf hin, dass die bisherige Definition von ‚Arbeiterklasse' als ‚doppelt freien Lohnarbeitern' nicht zureichend ist, sondern auch darauf, dass die dieser Gruppe zugeschriebene ‚Arbeitermacht' über das definierte Kollektivsubjekt hinaus geht und auch immer hinaus ging, denn mit einem engen Verständnis einer strukturellen Macht der Lohnarbeitenden „fallen [...] die zum Teil außerordentlich militanten Protestformen von SklavInnen, Selbst-Angestellten oder LumpenproletarierInnen unter den Tisch [...]".[36] Damit sind einige Aspekte eines äußerst diversen „Multiversums der arbeitenden Klassen" benannt, das „erst einmal in seiner sozialen, ökonomischen, geschlechts- und generationsbezogenen, ethnischen und kulturellen Heterogenität sichtbar gemacht und [...] verstanden werden"[37] muss, und zwar sowohl als strukturell bestimmte wie auch als kämpfende Klasse(n) – wobei diese beiden Aspekte eben nicht zu trennen sind und die eine Bestimmung erst aus der anderen folgen kann.

Fazit: Solidarität und Differenz

Wie soll, so soll abschließend gefragt werden, kollektives Handeln angesichts der Bestandsaufnahme von höchster Diversität und Heterogenität und ohne ‚historische Mission' möglich sein? Solidarität, vor allem internationale Solidarität, als einer der frühesten[38] und höchsten ethischen Werte der Arbeiter_innenbewegung, die verstanden ist als „Zusammengehörigkeitsgefühl" oder auch als „Bewusstsein von der gleichen Interessen- und Klassenlage"[39] scheint angesichts dieser

36 Marcel van der Linden: Das vielköpfige Ungeheuer. Zum Begriff einer WeltarbeiterInnenklasse. In: *Fantômas* 4 (2003/2004), S. 30–34, hier S. 33.

37 Karl Heinz Roth / Marcel van der Linden: Ergebnisse und Perspektiven. In: Dies. (Hrsg.): *Über Marx hinaus. Arbeitsgeschichte und Arbeitsbegriff in der Konfrontation mit den globalen Arbeitsverhältnissen des 21. Jahrhunderts.* Berlin / Hamburg: Assoziation A 2009, S. 557–600, hier S. 557–558.

38 Darauf weisen bereits die Namen der frühen Arbeiterbildungsvereine und ersten Gewerkschaften – „Bund", „Verbrüderung" u. Ä. – hin, ebenso wie die Bildsprache, vor allem der immer wiederkehrende Händedruck, der in Deutschland erst seit der Zwangsvereinigung von SPD und KPD in der späteren DDR symbolisch ‚verbrannt' ist. Das Lexikon zur Soziologie gibt dann auch als eine der Definitionen von Solidarität an, diese sei „Vorbedingung [...] gemeinsamer Kampferfahrungen in der Arbeiterbewegung" (Werner Fuchs / Otthein Rammstedt: Solidarität. In: *Lexikon zur Soziologie*, hrsg. v. Werner Fuchs / Rolf Klima / Rüdiger Lautmann / Otthein Rammstedt / Hanns Wienold. Reinbek: Rowohlt 1975, S. 618).

39 *Lexikon zur Soziologie*, S. 618.

Heterogenität kaum möglich. Jens Kastner weist darauf hin, dass entsprechend solidarische Unterstützer_innen und Träger_innen sozialen Protests oftmals kaum noch Gemeinsamkeiten haben: Ein westeuropäisches

> Unten-Sein ist häufig ein im Weltmaßstab privilegiertes, selbst als Hartz IV-EmpfängerInnen gehören sie noch zu den zehn Prozent Reichsten der Welt. [...] Im Hinblick auf die politisch-organisatorischen Traditionen, die Alltagspraktiken wie auch Diskriminierungserfahrungen verbindet sie jedoch [...] rein gar nichts [mit den Klassenkämpfen z. B. des Südens, in diesem Fall den Zapatistas, T. B.].[40]

Kastner schlägt daher vor, gerade diese Differenzen zum Ausgangspunkt heutiger Solidarität zu machen:

> Die Mobilisierungen und die Verkettung von Differenzen kann politisch möglicher Weise als ein Gegenpol zu den konsumfixierten und atomisierenden Subjektivierungsweisen fungieren, die im Zuge neoliberaler Durchdringung der Gesellschaften ein- bzw. durchgesetzt werden.[41]

Ob eine Solidarität und damit ein kollektives Klassenhandeln allein aus der „Verkettung von Differenzen" möglich ist, ohne jede Form vereinfachender Identitätspolitik, muss fraglich bleiben. Die notorische Problematik einer klassenspezifischen Identitätspolitik ist allerdings mehr als deutlich. Gibt es also noch eine Gemeinsamkeit, auf der, jenseits kulturidentitärer und politisch-idealistischer Zuschreibungen, kollektive Handlungen möglich sind? Letztlich ist es vielleicht nichts anderes als eine Notwendigkeit. Denn bei aller Heterogenität und Diversität hat die arbeitende Klasse dann doch eine Gemeinsamkeit: „Das vielleicht einzige Merkmal, das sie miteinander gemeinsam haben, ist, dass niemand von ihnen als Einzelner mächtig ist".[42]

40 Jens Kastner: *Alles für alle! Zapatismus zwischen Sozialtheorie, Pop und Pentagon.* Münster: Edition Assemblage 2011, S. 27.

41 Ebd., S. 89.

42 Immanuel Wallerstein: *Utopistik. Historische Alternativen des 21. Jahrhunderts.* Wien: Promedia 2002, S. 59.

Die misslungene Formation des Selbst-Unternehmers

Harald Strauß

Im Herbst 1858 beklagte sich Friedrich Engels vor dem Hintergrund einer Anbahnung zwischen den englischen Chartisten und einem Teil des Bürgertums bei seinem Freund Karl Marx über das ‚bürgerlich' gewordene Proletariat: „Bei einer Nation, die die ganze Welt exploitiert, ist das allerdings gewissermaßen gerechtfertigt."[1] Es hülfen „nur ein paar grundschlechte Jahre"[2]. Karl Kautskys Frage bezüglich der Haltung der englischen Arbeiter in Sachen Kolonialpolitik beantwortete er mit dem Hinweis, dass diese damit einverstanden seien, weil sie „flott mit von dem Weltmarkts- und Kolonialmonopol Englands"[3] zehrten. Abgesehen von der impliziten Enttäuschung über die Entwicklung des englischen Proletariats, steckt in dieser Bekundung die grundsätzliche Erkenntnis, dass die Entwicklung der bürgerlichen Gesellschaft die Arbeiter/innenschaft in die Lage versetzte, mittelbar an der Ausbeutung anderer Arbeiter- und Bauernklassen teilzuhaben. Wenn dieser Verdacht schon im 19. Jahrhundert aufkeimte, wie sehr erst tritt diese Struktur der Ausbeutung zweiter Ordnung im Einsturz des Rana-Plaza-Gebäudes in der bangladeschischen Stadt Sabhar hervor? Dass ein Werttransfer von einer Arbeiterklasse, die für einen Monatslohn von 75 € auf die Barrikaden gehen muss, auf eine andere stattfindet, die sich diese Kleidung als Wegwerfartikel leisten kann, weil deren Produktion einen Bruchteil des westlichen Lohns kostet, liegt arbeitswerttheoretisch auf der Hand.

1 Friedrich Engels: Brief an Karl Marx in London, 7. Okt. 1858. In: Ders. / Karl Marx: *Briefe Januar 1856 – Dezember 1859, Marx-Engels-Werke (MEW)*, Bd. 29. Berlin: Dietz 1973, S. 357–358, hier S. 358.

2 Ebd.

3 Friedrich Engels: Brief an Karl Kautsky in Wien, 12. Sept. 1882. In: Ders. / Karl Marx: *Briefwechsel zwischen Marx und Engels Januar 1881 – März 1883, MEW*, Bd. 35. Berlin: Dietz 1967, S. 356–358, hier S. 357.

Das doppelt verwertete Subjekt

Der arbeitende Mensch[4], neben der Erde das dem Kapital Unterworfene, *subiectum*, wird im Produktionsprozess durch den Kapitalisten bewirtschaftet, indem dieser die Wertdifferenz der Preissumme des Produkts der Arbeit und der Kosten der Arbeitskraft einstreicht. Die Ware Arbeitskraft ist die einzige unter den Zutaten des kapitalistischen Produktionsprozesses, deren Wertschöpfung über ihren Reproduktionskosten liegt.[5] Darin besteht das Grundschema von gesellschaftlicher Wertschöpfung und privater Aneignung des Profits im Kapitalismus, ein Transfer virtuellen Wertes in der Zeitspanne der Produktion, deren Output sich – ohne Gewähr freilich – in Geld auf dem Markt aktualisiert. Es ist wichtig festzuhalten, dass hier keine vorbestimmten ‚Wertquanten' aus der Produktion in den Markt strömen (im Gegensatz zu den Stoffflüssen in der Dimension des Gebrauchswertes), sondern dass dieser Prozess sich in Zeichensystemen abstützt, etwa die juristische Konstruktion des Kapitalbesitzes, demgegenüber bestenfalls[6] der Besitz der je eigenen Arbeitskraft steht, die buchhalterischen Kalkulationen der Unternehmung sowie das ganze jeweilige Gefüge von Marktpreisen. Die Wahrheit dieser spekulativen Zumessung trifft jedoch stets verspätet ein: Wert wird qualitativ wie quantitativ im Kaufakt aktualisiert. Bis zu diesem Moment kann daher, wie an anderer Stelle ausführlich dargelegt, nur von Wert in einer virtuellen Dimension gesprochen werden.[7] Tritt der Verkauf nicht ein, gibt es nur verwandelten Stoff, jedoch keinen Wert – die Produkte gehören nicht zur Menge der ‚Waren'.[8] Einen ähnlichen Ansatz auf der Ebene des Kapitals wiederum hat die

4 Eingedenk des knappen Raumes wird hier nicht zwischen wertschöpfender Arbeit und Dienstleistung unterschieden, die aus Gehältern und Revenue bezahlt wird. Insofern kommt hier ein unscharfer Begriff von Klasse zum Zug, dessen gemeinsamer Nenner die abhängige Beschäftigung bildet.

5 Karl Marx: *Das Kapital. Kritik der politischen Ökonomie. Erster Band, MEW*, Bd. 23. Berlin: Dietz 1974, S. 208.

6 Marcel van der Linden differenziert hier stärker und hebt die Möglichkeit hervor, dass auch die Arbeitskraft enteignet werden kann, siehe Marcel van der Linden: *Workers of the World. Essays toward a Global Labor History*. Leiden / Boston: Brill 2008, S. 17–38.

7 Harald Strauß: *Signifikationen der Arbeit. Die Geltung des Differenzianten ‚Wert'*. Berlin: Parodos 2013, S. 275–280.

8 Michael Heinrich: *Die Wissenschaft vom Wert*. 3. korr. u. erw. Aufl. Münster: Westfälisches Dampfboot 2003, S. 201.

Regulationsschule unter besonderer Berücksichtigung des entwickelten Finanzmarktes formuliert:

> Das Kapital der einzelnen Kapitalisten wird durch eine monetäre Zirkulation bewertet. Diese Bewertung selbst ist eine Spekulation auf die Zukunft. Sie besteht in den Wetten der Finanzgemeinschaft, d. h. der übrigen Kapitalisten, auf die Wetten der einzelnen Kapitalisten.[9]

Die Arbeiterin, der Arbeiter als Subjekt des Fordismus: Zweitbewirtschaftung

Der qualitative Unterschied, der mit dem historischen Aufstieg des Fordismus[10], des Golden Age[11] und des Massenkonsums nach dem Zweiten Weltkrieg zur Entfaltung kam, eröffnete einen neuen relevanten Marktraum und leitete die umfassende *Zweitbewirtschaftung* desselben Subjekts als Konsumenten ein. Der Widerspruch von Kapital und Arbeit war unter nachholendem Wachstum verschleiert, solange die Profite Spielraum zu einer relativ höheren Beteiligung der abhängig Beschäftigten ließen. Dies sollte nicht lange währen: Seit den 1970er Jahren lautet die Antwort auf die Vielfachkrise Staatsverschuldung, Austerität für die Arbeiterklasse, Übertragung öffentlicher Güter in die private Hand und exorbitante Reichtumskonzentration, alles gedeckt durch die Ideologie des Marktes. Wie konnte es speziell nach dem Zweiten Weltkrieg in Deutschland dazu kommen?

Gemäß Michel Foucaults Deutung handelte es sich im Falle Deutschlands um das Problem, wie die allgemeine Zustimmung zum Ganzen einer durch die eigene Kriegsaggression desavouierten Nation herzustellen sei; an die Stelle des identitätsstiftenden Nationalgedankens sei die Zustimmung zu der Idee getreten, „daß man die Legitimität des Staats auf die garantierte Ausübung einer wirtschaftlichen Freiheit gründen kann."[12]

Michel Aglietta betonte hinsichtlich der Subjektivierung im Fordismus die Ambivalenz des neu entstandenen Individualismus, der einerseits eine Befreiung von Untertänigkeit und persönlichen Abhängigkeitsverhältnissen bedeutete, indem autonome Zweckbestimmungen in

9 Michel Aglietta: *Ein neues Akkumulationsregime. Die Regulationsschule auf dem Prüfstand*, aus d. Franz. v. Marion Fisch. Hamburg: VSA 2003, S. 19.

10 Ebd., S. 28.

11 Eric Hobsbawm: *Das Zeitalter der Extreme. Weltgeschichte des 20. Jahrhunderts*, aus d. Engl. v. Yvonne Badal. München: dtv 1995, S. 324–362.

12 Michel Foucault: *Die Geburt der Biopolitik. Geschichte der Gouvernementalität II*, aus d. Franz. v. Jürgen Schöder. Frankfurt am Main: Suhrkamp 2006, S. 122–123.

den Vordergrund traten, die durch Geldmittel verfolgt werden konnten. Andererseits entstand die Notwendigkeit,

> dass die Zugehörigkeit zur Gesellschaft, d. h. die Legitimation der individuellen Akte, immer wieder von neuem errungen werden muss. Folglich, auf die Spitze getrieben, neigt der Anspruch des Individualismus dazu, die sozialen Bindungen aufzulösen, die ihm seine Gültigkeit verschafft haben. [...] Der Individualismus wird also negativ, wenn er dadurch entsteht, dass die Vermittlungen keinen sozialen Zusammenhalt mehr stiften.[13]

Herbert Marcuses psychoanalytische Argumentation bestand seit den 1950ern darin, dass die üblichen ödipalen Konflikte und die damit verbundene Heranbildung von Ich-Stärke allmählich von einem anderen Moment überlagert wurden, einer konsumistischen Permissivität, der die wachsende Einbindung in das Gefüge einer repressiven Toleranz entsprach.[14] Im anhebenden Individualismus handelte es sich demzufolge um das Verschwinden einer – wenn auch ohne Garantien auf guten Ausgang – psychischen Ökonomie, in der zumindest die Chance auf die Reifung zu einer starken Persönlichkeit bestand. Angesichts des Double Bind aus der Tolerierung des Verwertbaren und den scheinbar unüberwindlichen Sachzwängen, resultierte in seiner Sicht in der Krise individuell die Tendenz einer Anfälligkeit für faschistische Angebote.

Wie ist es nun um dieses o. g. Thesenensemble verschiedener theoretischer Provenienz in Bezug auf die die Lohnabhängigen in der Gegenwart bestellt? Im Laufe der letzten Dekade haben die Desintegrationswahrnehmungen in der Bevölkerung messbar zugenommen. Die jüngsten Wahlerfolge rechter Parteien und die offene Anerkennung menschenfeindlicher Haltungen in der sogenannten Mitte der Gesellschaft[15] belegen die Aktualität dieser These Marcuses.[16] Allerdings ist auch den von Demokratieoptimisten zitierten emanzipatorischen Bürgerbewegungen eine narzisstische Einfärbung anzusehen,

13 Aglietta: *Ein neues Akkumulationsregime*, S. 52–53.

14 Herbert Marcuse: Repressive Toleranz. In: Ders. / Robert Paul Wolff / Barrington Moore: *Kritik der reinen Toleranz*, aus d. Engl. v. Alfred Schmidt. Frankfurt am Main: Suhrkamp: 1966, S. 91–128, hier S. 91.

15 Wilhelm Heitmeyer (Hrsg.): *Deutsche Zustände. Folge 10*. Frankfurt am Main: Suhrkamp 2012.

16 Harald Strauß: Vom Wandel der Agenturen der psychischen Vergesellschaftung. Herbert Marcuses metapsychologische Spekulationen zum Über-Ich. In: Peter Lenhart / Marianne Schuller / Jasmin Sohnemann / Manuel Zahn (Hrsg.): *Wo ist das Über-Ich und was macht es dort? Studien zu einem psychoanalytischen Begriff*. Berlin: Parodos 2014, S. 129–147.

deren Aktionen sich als Selbstbestimmung artikulieren, jedoch verdächtig rasch ihr Momentum verlieren:

> Die Bürger der Gegenwart wollen sich in möglichst selbstbestimmter Art und Weise politisch artikulieren und beteiligen. Die Dimension der öffentlichen Selbstdarstellung und Selbsterfahrung ist dabei von erheblicher Bedeutung. Bei der politischen Partizipation geht es nicht bloß um die Sache, sondern mehr denn je auch ums Ich.[17]

Was bedeutet es für die unabdingbaren Kämpfe um politische Mitbestimmung, sollte sich die potenzielle Stärke des Individualismus, die z. B. Aglietta in Rechnung stellte, auf Markttransaktionen und politische Performances beschränken?

Marktkonforme Demokratie

Der Nexus von Demokratie und Markt, in gouvernementalitätstheoretischer Perspektive eine sublime Rekombination von souveräner Willensbekundung und Kapitalmacht, zeichnet sich insbesondere in Aussagen des ordoliberalen Theoretikers Franz Böhm ab, der die ‚Marktgesetze' als „tägliche und stündliche *plebiszitäre* Demokratie" bezeichnet hat, „ein das ganze Jahr hindurch vom Morgen bis in die Nacht währendes *Volksreferendum*, die technisch idealste Erscheinungsform von Demokratie, die überhaupt existiert."[18]

Die Krise des Golden Age und der Niedergang des Wohlfahrtsstaatsmodells trafen auf eine globale ökonomische Situation, in der die Produktivkraftentwicklung in einem Teil der Peripherie der spätindustriellen Kernländer für Kapitalinvestitionen interessant zu werden begann,[19] weil zeitgleich der Finanzmarkt als Kreditor von seinen Fesseln entbunden wurde.[20] Für die Arbeiter/innenschaft in den Industrieländern bedeutete dies zweierlei: wachsender Anspruch an

17 Ingolfur Blühdorn: *Simulative Demokratie. Neue Politik nach der postdemokratischen Wende.* Frankfurt am Main: Suhrkamp 2013, S. 192.

18 Franz Böhm: *Wirtschaftsordnung und Staatsverfassung.* Tübingen: Mohr-Siebeck 1950. Wiederabgedruckt in Ernst-Joachim Mestmäcker (Hrsg.): *Freiheit und Ordnung in der Marktwirtschaft.* Baden-Baden: Nomos 1980, S. 53–104, hier S. 89, zit. nach Christoph Lieber: Gouvernementalität und Neoliberalismus bei Foucault. In: Giovanni Arrighi / Christina Kaindl / Christoph Lieber et al. (Hrsg.): *Kapitalismus reloaded. Kontroversen zu Imperialismus, Empire und Hegemonie.* Hamburg: VSA 2007, S. 372–397, hier S. 333.

19 Vorrangig China, Südkorea, Indien, Mexiko, Venezuela, Brasilien und Argentinien; vgl. Hobsbawm: *Das Zeitalter der Extreme*, S. 743.

20 Jörg Huffschmid: *Politische Ökonomie der Finanzmärkte.* Hamburg: VSA 2002, S. 128–131.

das Ausbildungsniveau und allmähliche Verlagerung arbeitsintensiver Betätigungsfelder in andere Länder. Damit ging das Wachstum einer Schicht der Angestellten einher, deren symbolische Einbindung zugleich die Absetzung gegen den kulturellen Typus des Proletariers beförderte. Diese Strömungsverlagerung bzw. -ausweitung bildet den Basso continuo dessen, was später – unter Einschluss vielfältiger Phänomene – auf den Namen Globalisierung getauft wird: Die harte Arbeit in den basalen Industrien besorgten in wachsendem Maße die Arbeiterinnen und Arbeiter anderer Länder.

In psychologischer Hinsicht wird die neue Qualität des doppelt bewirtschafteten Subjekts darin bestanden haben, zusätzlich zum Produktionsprozess der Ware den Produktionsprozess neuer Bedürfnisse geschaffen zu haben. Demokratie ist damit durchs Innerste der Subjekte marktvermittelt, ‚marktkonforme Demokratie'.

Legitimationswandel

Die Einbindung der Subjekte – ökonomisch wie psychologisch – lässt sich aus gouvernementalitätstheoretischer Perspektive unter dem Aspekt der Selbstführung betrachten, aus differenzphilosophischer Sicht als der Übergang von der Disziplinar- zur Kontrollgesellschaft.[21]

Auf der Seite des Kapitals korrespondiert dieser Modifikation des ökonomischen Dispositivs ein Wandel der Begriffe des Unternehmers und der Arbeitskraft als ‚Humankapital', ein Begriff, der in den 1950er Jahren im Umfeld der Chicago School of Economics auftaucht. Von einschneidender Bedeutung sei, wie Lars Gertenbach feststellt, „dass der Faktor Arbeit nicht mehr passiv registriert, sondern vielmehr als konkret produzierende Entität wahrgenommen wird, die selbst Folge eines weitgreifenden Investitionsprozesses ist."[22] Die Konsequenz liegt auf der Hand, dass die unterstellte Mentalität des Unternehmers sich, an die Adresse der abhängig Beschäftigten gerichtet, in die allgemeine *Forderung* übersetzt, in sich selbst zu investieren, um wirtschaftlich zu überleben. Es entbehrt nicht einer gewissen Ironie, dass die Wurzeln dieser Konzeption eben in jenem Golden Age liegen, in dem kriegsfolgenbedingter Mangel an Arbeitskräften Karrierewege

21 Gilles Deleuze: Postskriptum über die Kontrollgesellschaften. In: Ders.: *Unterhandlungen 1972–1990*. Frankfurt am Main: Suhrkamp 1993, S. 254–262.

22 Lars Gertenbach: *Die Kultivierung des Marktes*. Berlin: Parodos 2007, S. 115.

und gewerkschaftliche Macht ermöglichten, die heute unvorstellbar erscheinen müssen.
Wie Gertenbach weiter hervorhebt, wandelte sich im Zuge der neoliberalen Mobilisierung ebenfalls das Verständnis des Konsums von der Reproduktion der Ware Arbeitskraft in das eines potenziellen Investments, mit der Folge, dass die individuellen politischen Präferenzen sich am Schutz des Kapitals ausrichten.[23] In gouvernementaler Hinsicht rückt das Subjekt als individualisierter Entrepreneur in den Fokus des neoliberalen Diskurses, psychologisch operationalisiert nach Kriterien der Selbststeuerung, worin das Echo der alten Kybernetik aus Kriegstagen nachhallt. Dementsprechend gerät in der neoliberalen Betrachtung das Verhältnis von Staat und Wirtschaft zu einem „der permanenten gegenseitigen Interferenz".[24] Dies ist auf diskursiver Ebene nicht zu bestreiten, es handelt sich zweifelsohne um „ein politisches Projekt, das darauf zielt, eine soziale Realität herzustellen, die es zugleich als bereits existierend voraussetzt."[25] Allerdings ist anzumerken, dass die Beschaffenheit des Diskurses zwar auf die Gestaltung der Ökonomie einwirkt, aber ökonomische Gesetzmäßigkeiten gehorchen nicht den Diskursen, die sie beschreiben. Diese Differenzierung unterscheidet die Kritik von ihrem Gegenstand. In letzter Instanz entzieht sich das Signifikationssystem des ökonomischen Mathems dem diskursiven Zeichenmodus, in dem Selbstverständigungsprozesse über die Ökonomie üblicherweise ablaufen. Es gehört zu den Eigentümlichkeiten einer algebraischen Struktur, nicht in ihren diskursiven Beschreibungen aufzugehen. Sie entzieht sich permanent einer Fixierung und durchkreuzt, einmal mit dem modernen Geld in die Welt gesetzt, jeden Plan ihrer Regulation, weil die diskrete Anwesenheit einer sich beständig aktualisierenden Wertsphäre das Preisgefüge unablässig neuen Anforderungen aussetzt. Darauf können die Marktakteure nicht anders als verzögert reagieren bzw. zusehen, wie ihre Erwartungen enttäuscht werden.[26] Systemtheoretisch ausgedrückt ist die Totalität der ökonomischen Prozesse eine

23 Gertenbach: *Die Kultivierung des Marktes*, S. 116.

24 Ebd., S. 170.

25 Thomas Lemke et al.: Gouvernementalität, Neoliberalismus und Selbsttechnologie. In: Ulrich Bröckling / Susanne Krasmann / Thomas Lemke (Hrsg.): *Gouvernementalität der Gegenwart. Studien zur Ökonomisierung des Sozialen.* Frankfurt am Main: Suhrkamp 2000, S. 9.

26 Strauß: Signifikationen der Arbeit, S. 71–75.

Umwelt des Diskurssystems, das in seinem eigenen Code Störungen des Diskurses verarbeiten muss – dies wiederum sollte nicht mit dem ökonomischen Prozess der stofflichen und monetären Ströme identifiziert werden. Gerade der Begriff des Humankapitals, dessen inhärentes Versprechen eines gesteigerten Einkommensstromes, oder negativ: dessen Drohpotenzial die Phänomene der Mobilisierung (Flexibilisierung, lebenslanges Lernen etc.) zur Erscheinung bringt, scheitert in der Theorie an seiner eigenen Kapitaldefinition und in der Praxis an der objektiven Schranke, die den Ausbeuter vom Ausgebeuteten trennt. Wenn alles potenziell Kapital ist, so ist nichts Kapital – die *differentia specifica* fehlt; und ein Mensch kann nicht zugleich sein eigener Ausbeuter und der Nutznießer dieser Ausbeutung sein. Im Übrigen hält die Behauptung, mit steigendem Investment sei ein steigender Return on Investment verbunden, der Empirie im internationalen Vergleich der Industrieländer nicht stand.[27]

Das Subjekt im aufkommenden Neoliberalismus, im neoklassischen Jargon der allseitig informierte, nutzenmaximierende Homo oeconomicus, bildete den Bezugspunkt eines Souveränitätsmodells, dem der Staat idealerweise als fördernde Umwelt beigestellt werden sollte, im Einklang mit den Marktgesetzen, was Alexander Rüstow als liberalen Interventionismus propagierte.[28] Sozialpolitisch findet dies Niederschlag im Übergang von *welfare* zu *workfare* mit dem Ziel, die Tauschoptionen zwischen Kapital und Arbeit zu vervielfältigen.[29] Giorgio Agamben spricht hinsichtlich des Verhältnisses von Staat und Neoliberalismus von einem gegenwärtig „paradoxe[n] Zusammentreffen eines absolut liberalen Modells in der Ökonomie mit einem beispiellosen, genauso absoluten Modell der Staats- und Polizeikontrolle"[30], in dem Regieren nur noch auf Folgen statt auf Ursachen zielt.

27 Harald Strauß: Humankapital. In: Hans-Joachim Lenger / Michaela Ott / Sarah Speck / Harald Strauß (Hrsg.): *Virtualität und Kontrolle.* Hamburg: Textem 2011, S. 114–120.

28 Alexander Rüstow: Die staatspolitischen Voraussetzungen des wirtschaftspolitischen Liberalismus. In: Ders.: *Rede und Antwort. 21 Reden und viele Diskussionsbeiträge aus den Jahren 1933 bis 1962 als Zeugnisse eines ungewöhnlichen Gelehrtenlebens und einer universellen Persönlichkeit.* Ludwigsburg: Hoch 1963, S. 249–258, bes. S. 252–253.

29 Roland Atzmüller: *Aktivierung der Arbeit im Workfare-Staat. Arbeitsmarkpolitik und Ausbildung nach dem Fordismus.* Münster: Westfälisches Dampfboot 2014, S. 139–140.

30 Giorgio Agamben: Vom Kontrollstaat zur Praxis destituierender Macht. In: *Luxemburg* 1,18 (2014), S. 26–33, hier S. 28–29.

Diese Neubestimmung des Verhältnisses von Staat und Wirtschaft erwuchs gewissermaßen organisch aus der Schwerpunktverschiebung zwischen Staat und Zivilgesellschaft. Der Glaube an das individuelle Geschick nährte sich an der Aufwertung nebulöser Privatinteressen, die im ökonomischen Ganzen effektiv Unternehmerinteressen waren (und sind). Das gewinnt in dem Maße allgemeine Akzeptanz, in dem, wie rudimentär auch immer, die Idee *internalisiert* wird, dass prinzipiell jeder Unternehmer *in spe* wäre. Die Stärkung der Zivilgesellschaft bedeutete außerdem, vom bunten Treiben von Bürgerinitiativen und NGOs abgesehen, vor allem, dass neoliberale und neokonservative Think Tanks Einfluss über Beratung erhielten und „vermehrt eigenständige Aufgaben und Funktionen im gewandelten Ensemble der ideologischen und hegemonialen Verhältnisse des High-Tech-Kapitalismus“[31] wahrnehmen konnten. Wird die o. g. psychologische Konstellation zugrunde gelegt, erscheint es nicht abwegig, dass auf politischer Ebene das neoliberale Agenda-Setting zivilgesellschaftlicher Lobbyarbeit wesentlich anziehender ist als systemkritische Beiträge, die auf grundlegende Veränderung abzielen: Weil die Hoffnung, persönlich an einer prosperierenden Wirtschaft teilhaben zu können, attraktiver ist als der ungewisse Ausgang einer klassenkämpferischen Auseinandersetzung.

Die misslungene Formation des unternehmerischen Selbst

Im Neoliberalismus als Ideologie des Übergangs von der Disziplinar- in die Kontrollgesellschaft vollzieht sich nicht nur die Verallgemeinerung einer betrieblichen Sicht auf die Gesellschaft, sondern ebenso die Anwendung (vermeintlich) unternehmerischen Denkens als Introspektion, was Ulrich Bröckling ‚Intrapreneurship‘ nennt: Das Individuum wird als *Dividuum* verschiedener Dimensionen auf sich selbst bezogen, die es aufeinander abzustimmen gelte, um ein reibungsloses Funktionieren des unternehmerischen Selbst zu gewährleisten:

> Als ‚Kunde seiner selbst‘ ist er sein eigener König, ein Wesen mit Bedürfnissen, die vom ‚Lieferanten seiner selbst‘ erkannt und befriedigt werden wollen. Ignoriert dieser die Ansprüche seines internen Geschäftspartners, wird ihn jener mit Antriebslosigkeit, Erschöpfung oder anderen Formen des Energieentzugs strafen. Funktioniert dagegen der Austausch, profitieren beide.[32]

31 Bernhard Walpen: *Die offenen Feinde und ihre Gesellschaft. Eine hegemonietheoretische Studie zur Mont Pèlerin Society*. Hamburg: VSA 2004, S. 182–183.

32 Ulrich Bröckling: Totale Mobilmachung. Menschenführung im Qualitäts- und Selbstmanagement. In: Ders. / Krasmann / Lemke (Hrsg.): *Gouvernementalität der Gegenwart*, S. 131–167, hier S. 157.

Zweifellos ist die Herstellung gesellschaftlicher Hegemonie ein pädagogisches Unterfangen, das „die Neuzusammensetzung des Arbeitsvermögens in den Qualifizierungs- und Ausbildungsprozessen selbst zum Medium wie Inhalt der sozialen Auseinandersetzungen um Hegemonie“[33] macht. Die Grundzüge der Botschaft sind freilich in grotesker Form in der Breite der arbeitenden Bevölkerung, vor allem in der jüngeren Generation, angekommen. Nach einer Dekade Bologna-Reform zeigt sich, dass der Ansturm auf hohe Bildungsabschlüsse befeuert wird, was jedoch aufgrund allseitiger struktureller Überlastung in eine fragwürdige Qualität der Ausbildung mündet. Lehrenden begegnet eine wachsende Zahl Schüler und Studierender, die im Laufe ihrer Ausbildung nur rudimentäre Wissenstechniken erlernen und allein nach dem vermeintlich ‚Prüfungsrelevanten‘ sondieren. Dass gerade die propagierte unternehmerische Selbstführung analytische und synthetische Fähigkeiten im Umgang mit dem Korpus des Wissens erfordert, lässt die Lücke zwischen Ideologie und gesellschaftlicher Umsetzung offen zutage treten. Insofern ist die Installation einer postfordistischen Regulation unter dem Stichwort *workfare* beständig unter Druck.

Die gouvernementale Mobilisierung hat durchaus unterschwellig die Panik verbreitet, dass zurückbleibt, wer sich nicht bildet, wobei Bildung zunehmend mit dem Sammeln von Zertifikaten zertifizierter Einrichtungen verwechselt wird, also: mit der Akkumulation ‚symbolischen Kapitals‘. In der hektischen Mobilität einer höchst unausgereiften Nutzenmaximierung, die eher kommenden Schaden als Revenue ankündigt, zeigt sich das Misslingen dieser psychischen Formation: Die künftigen Werktätigen der neoliberalen Epoche suchen in der Kontrollgesellschaft nach jenem festen Funktionsrahmen, den die Disziplinargesellschaft noch bot. Darin konturiert sich das Potenzial autoritärer Charakterzüge in der freiheitlich-liberalistischen Marktdemokratie. Dieser Chiasmus aus kontrollgesellschaftlichem Angebot und disziplinargesellschaftlicher Nachfrage deutet auf eine tiefer liegende psychische Strukturierung, die aus der *Unterforderung* in Sachen Ich-Bildung und daher in einer *Überforderung* durch die bruchstückhafte Internalisierung des gouvernementalen Diskurses besteht.

Für die empirische Evidenz dieser misslungenen Formation des neoliberalen Selbst sprechen verschiedene Indizien, die kurz Erwähnung

33 Atzmüller: Aktivierung der Arbeit, S. 167.

finden sollen. Der sogenannte *Gallup Engagement Index*, der die emotionale Bindung deutscher Werktätiger an ‚ihr' Unternehmen misst, stellt seit nunmehr 13 Jahren fest, dass sich nie mehr als 16 % der Befragten durch eine hohe emotionale Bindung an die sie beschäftigenden Unternehmen auszeichnen und der überragende Teil geringe oder gar keine Identifikation mit dem Unternehmen angibt. Bis zu einem Fünftel der Angestellten und Arbeiter verrichten übellaunig Dienst nach Vorschrift und kein Jota mehr.[34] Demgegenüber haben die Interessenvertretungen der Arbeiter/innen und Angestellten keine Eintrittswellen verzeichnet, im Gegenteil. Der psychologische wie diskurstheoretische Grund dieser paradoxen Situation scheint zu sein, dass selbst eine milde Form von Systemkritik nicht dagegen ankommt, was die „transitiven Hegemonialapparate", welche die „verschiedene[n] Teilsysteme der Gesellschaft durchdringen und diskursiv neu verknüpfen"[35], ideologisch verankert haben: Aussicht auf persönlichen Gewinnzuwachs, klare ‚Deals', was bei Wohlverhalten zu erreichen ist, was es also ‚bringt'.

Die korrumpierte Arbeiterklasse

Die Pointe der im Neoliberalismus globalisierten Welt besteht darin, dass die gleichen Mechanismen, mit denen die abhängig Beschäftigten in den vormals führenden Industrienationen unter Druck gesetzt werden, im globalen Maßstab die Reproduktion dieser Klasse sichern, indem die Arbeiterklassen in der Peripherie unter wesentlich schärferen Ausbeutungsbedingungen die entsprechend preisgünstigen Waren herstellen bzw. die Vorleistungen für diese Reproduktion erbringen.[36] Vor allem in den Vorleistungen zur Binnenproduktion sind der Wert der Arbeit fremder Arbeiterklassen wie auch die Ausbeutung bzw. Vernutzung fremder Quellen und Senken amalgamiert.[37] Basis dafür

34 Gallup-Institut: Engagement Index Deutschland 2013. http://www.gallup.com/file/strategicconsulting/168167/EEI_Pr%C3%A4si_MN_2014-03-26_ohne_Anhang%20%5BCompatibility%20Mode%5D.pdf (Zugriff am 30.05.2014).

35 Walpen: *Die offenen Feinde*, S. 184–185.

36 Ruth Grunert konstatierte bereits in den 1990er Jahren, dass „rund ein Viertel der Nachfrage der privaten inländischen Haushalte in irgendeiner Form in Waren bzw. Dienstleistungen [bestanden hat], deren Produktionsstätte nicht in Deutschland liegt" (Ruth Grunert: Importgehalt des privaten Konsums in Deutschland in den 90er Jahren. In: *Wirtschaft im Wandel* 3 (1999), S. 7–13, hier S. 13).

37 Zum Vergleich von Import und Export Deutschlands nach Güterabteilungen siehe Statista: Importe nach Deutschland nach Güterabteilungen (Top 15) im Jahr 2013. http://de.statista.com/statistik/daten/studie/164506/umfrage/deutscher-export-und-import-im-1-halbjahr-2010-nach-gueterabteilungen (Zugriff am 30.05.2014).

ist ein relativ geringerer Reproduktionsbedarf der fremden Ware Arbeitskraft, die relativ niedrigere Löhne ermöglicht.
Obwohl die hartnäckig im Alltagsbewusstsein verankerte These Helmut Schelskys von der nivellierten Mittelstandsgesellschaft objektiv widerlegt ist,[38] mobilisiert sich kaum Widerstand gegen die zunehmende Prekarisierung in der Gesellschaft, insbesondere vor dem Hintergrund faktischer und gefühlter Mittelschichtszugehörigkeit bei Lohnabhängigen.[39] So schrumpften die europäischen Mittelschichten „vor allem durch die steigende Ungleichheit der Markteinkommen"[40]; allgemein wird registriert, dass Abstiegs- und Statusängste vorherrschen. Bernhard Müller formuliert daran anknüpfend die These, dass die

> vermehrte Abwärtsmobilität in Richtung der prekären sozialen Schichten [...] den Nährboden für eine wachsende Verunsicherung der gesellschaftlichen Mitte [bildet], die sie empfänglich macht für Ausgrenzungs- und Schließungsprozesse gegenüber der wachsenden Zahl derer, die sich ohne Arbeit oder mit prekärer Beschäftigung durchschlagen müssen.[41]

Selbst unter gewerkschaftlich organisierten Arbeiter/innen und Angestellten in Deutschland herrschen ambivalente Krisenwahrnehmungen. Einerseits hat die gemessene *Arbeitsplatzunsicherheit* trotz des immerwährenden Grundtons der Zukunftsangst zuletzt leicht abgenommen, wohingegen die Wahrnehmung der *Arbeitskraftgefährdung* angestiegen ist. Ebenso ist die Zahl derer, die wachsende Einkommensunterschiede und Leistungsdruck beklagen, zwischen 2005 und 2012 von 64 % auf 70 % angewachsen, begleitet von

38 22,2 % der Beschäftigten in Deutschland arbeiteten im Jahre 2010 laut aktuellem OECD-Bericht im Niedriglohnsektor; 37 % der Haushalte verfügen über keinerlei Vermögen und seien infolgedessen von Altersarmut bedroht. Trotz der leichten wirtschaftlichen Erholung hat sich die Armutsgefährdung der Gesamtbevölkerung von 2008–10 lediglich um 0,6 % von 20,1 % auf 19,5 % reduziert. Siehe OECD: *OECD Wirtschaftsberichte – Deutschland 2014*. OECD Publishing. DOI: 10.1787/eco_surveys-deu-2014-de (Zugriff am 30.05.2014).

39 Die Bestimmung der Mittelschicht erfolgt anhand relativer Einkommenspositionen, errechnet als das Verhältnis individueller Äquivalenzeinkommen zum nationalen Durchschnittswert (Median). Daraus ergibt sich bei einer Abgrenzung des Medians von 70–150% des äquivalenzgewichteten Durchschnittseinkommens in Europa die Zusammensetzung: 20,4 % Ober-, 55,6 % Mittel- und 24 % Unterschicht. Die Einkommensspanne der deutschen Mittelschicht liegt zwischen ca. 12–26.000 €/Kopf. Siehe Bernhard Müller: Abstiegsängste. In: *Sozialismus* 3 (2013), S. 7–10, hier S. 7–8.

40 Bertelsmann-Stiftung (Hrsg.): *Mittelschicht unter Druck*. Gütersloh: Bertelsmann-Stiftung 2012, zit. n. Müller: Abstiegsängste, S. 8.

41 Müller: Abstiegsängste, S. 9.

einer „adressatenlosen Wut".[42] Diese undifferenzierte Aggression wird durch den Glauben an die eigene Fähigkeit kontrastiert, etwaige Krisenmomente privat meistern zu können; wie viel psychologische Abwehr, Selbstüberhebung oder schlicht Zurückhaltung in dieser Aussage steckt, sei dahingestellt – realistisch ist sie nicht.

Wohin die adressatenlose Wut sich im Zweifelsfall kanalisieren könnte, deutet die These Müllers in Bezug auf die Mittelschichten an – der die befragten Betriebsräte und Vertrauensleute angehören und denen doch ein rudimentäres Klassenbewusstsein zu attestieren ist. Nun sind gewerkschaftlich organisierte Arbeiter/innen und Angestellte nicht von den Befunden ausgenommen, die die Langzeituntersuchung *Deutsche Zustände* zutage gefördert hat. Wilhelm Heitmeyer et al. formulieren angesichts der Selbstwahrnehmung der Machtlosigkeit die These von der Demokratieentleerung und Entfremdung aufgrund mangelnder Partizipation.[43] Letzteres ist strittig: Bürgerbeteiligungsverfahren werden zunehmend praktiziert, insbesondere wo sie als Ressource des Systems dienen können, um die Verwaltungen zu entlasten und Legitimation zu produzieren. Außerdem deutet sich in der Klage über Ohnmacht der versteckte Wunsch an, jemand anderes möge es für einen richten.[44] Es scheint vergessen, dass wohlfahrtsstaatliche Errungenschaften das Ergebnis von aktiven Klassenauseinandersetzungen sind.

Die *Normalisierung* der Entsolidarisierung, also der Schwund der einzigen effektiv politischen Ressource der Arbeiter/innenklasse gegenüber dem Kapital, fügt sich in Ingolfur Blühdorns These, dass Demokratie nicht bedroht, unterminiert oder abgebaut, sondern in eine „Methode der Legitimation effizienten Regierens"[45] verwandelt werde, in der die plebiszitären Elemente zur Stabilisierung der simulativen Demokratie beitragen.

> Der Begriff der simulativen Politik geht aber insofern einen Schritt weiter, als er von einer Art *stillem Einvernehmen* ausgeht zwischen denjenigen, die Täuschungsmanöver unternehmen, und denen, die von ihnen betroffen sind. Er

42 Richard Detje / Wolfgang Menz / Sarah Nies / Dieter Sauer / Joachim Bischoff: Krisenwahrnehmung. Neue Befunde zu Betriebs-, Alltags- und Gesellschaftsbewusstsein. In: *Sozialismus* 4 (2013), S. 8–13, hier S. 9–10.

43 Wilhelm Heitmeyer: Gruppenbezogene Menschenfeindlichkeit (GMF) in einem entsicherten Jahrzehnt. In: Ders. (Hrsg.): *Deutsche Zustände 10*, S. 15–41.

44 Detje et al.: Krisenwahrnehmung, S. 13.

45 Blühdorn: *Simulative Demokratie*, S. 176.

diagnostiziert ein eigenartiges Zusammenspiel der simulativen Diskurse *von oben* (z. B. *Big Society*) und *von unten* (z. B. *99 Prozent*).[46]

Obwohl der Drang zum Plebiszit nach wie vor die Sache von Minderheiten ist und sich der überragende Teil der abhängig Beschäftigten in der Frage der politischen Organisation ungefähr so leidenschaftlich zeigt wie in der Liebe zum Unternehmen, kann auch in der adressatenlosen Wut ein stilles Einverständnis zum Ausdruck kommen. Ansatzweise verstehen lässt sich derlei über die deskriptiv-analytische Ebene hinaus nur unter Einbezug der psychoanalytischen These von tendenzieller Ich-Schwäche und der narzisstischen Selbstüberhöhung in der Konsumentenrolle.

Von hier aus gibt es zwei denkbare, wenn auch vage Verlaufsformen einer emanzipatorischen Entwicklung: Entweder die Mobilisierung des Arbeitskraftunternehmers mündet zwischenzeitlich in einer allgemeinen, inhaltlich qualitätsvollen Ausbildung, die mit ökonomischem Denken Ernst macht und den Nebeneffekt hat, genügend kognitive Ressourcen zur Enttarnung dieses Diskurses bereitzustellen; die ökonomische Realität zeigt nämlich, dass der Kapitalismus nicht verallgemeinerungsfähig ist und der Souverän würde verstehen, *warum*. Das wäre im Vergleich zur gegenwärtigen Situation ein bedeutender Fortschritt. Oder die Prekarisierung der Lebensverhältnisse verschärft sich in dem Maße, in dem sich qua Produktivkraftentwicklung die globalen Billiglohnzonen und damit die Werttransfers reduzieren und die Konkurrenz um die verbliebenen Quellen und Senken sich erheblich verschärft, was die Reproduktion der hiesigen abhängig Beschäftigten zusätzlich beschneidet. In diesem Fall havariert das Modell des nutzenmaximierenden unternehmerischen Selbst im seichten Gewässer seiner Illusionen, bestenfalls mit dem Effekt einer gewissen Immunisierung.

Womit der Kreis zu Engels Einschätzung, es hülfen „nur ein paar grundschlechte Jahre“, geschlossen wäre. Allerdings ist bekannt, wie der Kampf um knappe Mittel ausgefochten wird: kriegerisch. Der Arbeiter steht immer unter der Bedrohung, in den Soldaten verwandelt zu werden. Abgesehen von der mittlerweile etablierten ‚Verteidigung der Demokratie am Hindukusch‘ übt sich die Bundeswehr ebenso im Häuserkampf in Schnöggersburg; ein mindestens erwünschter Nebeneffekt dieser Neuorientierung ist das Potenzial zu einer

46 Ebd., S. 183.

Intervention gegen mögliche ‚innere Feinde', auch wenn derlei bislang noch durchs Grundgesetz ausgeschlossen wird. Das könnte der letzte Weckruf sein, zur Klasse *für sich* zu werden und diese Fortsetzung der Ausbeutungspolitik mit anderen Mitteln abzuwenden.

„Bist du ein Funpreneur?“ Der fröhliche Roboter als Subjektmodell der neuen kapitalistischen Universität

Michael Beron

> Eigentlich sollte Schlupp ein ganz normaler Roboter werden, wie es sie zu Tausenden auf dem grünen Stern Baldasiebenstrichdrei gibt: gehorsam, willenlos und arbeitsam. Aber er hat einen kleinen Fehler: er hat eine Seele.[1]

Der Roboter Schlupp ist die Hauptfigur eines Kinderbuches von Ellis Kaut aus dem Jahr 1974. Wie Pumuckl ist er ein anarchischer – und, offen gestanden, nervenaufreibender – Charakter. Die Augsburger Puppenkiste hat ihn 1986 in Szene gesetzt.[2] Schlupps Problem: Er scheint eine Seele und einen eigenen Willen zu besitzen. In einem Moment wirkt er schüchtern, gähnt, reagiert nicht auf Befehle, sondern nur auf Streicheln. Im nächsten fängt er wild zu tanzen an, fuchtelt mit seinen Teleskoparmen und singt seltsame Lieder. Untragbar für einen Roboter! Deshalb wird er ausgesondert, ins All geschossen und landet versehentlich auf der Erde. 2013, fast dreißig Jahre später, begegne ich ihm in den Gängen der Freien Universität (FU) Berlin. Aufsteller und Plakate zeigen eine Reihe Roboter, spielzeugartig, putzig, bunt, aus Plastik und zum Aufziehen wahrscheinlich. Wie die Standard-Schlupps auf dem Fabrikplaneten Balda 7/3 scheinen sie alles andere als fröhlich. Gleichgeschaltet, ausdruckslos marschieren sie zu einer freudlosen Arbeit. Doch einer ist anders. Er schert aus, springt mit in die Luft gerissenen Ärmchen schräg aus dem Trott hervor. In seinen Augenschlitzen liegt ein Glanz, das Mundmodul lächelt. Er lädt uns ein, seine Greifhand zu nehmen und mit ihm aus der Reihe zu tanzen. Die Bildunterschrift verrät: Er wirbt für den „Funpreneur“[3]-Wettbewerb.

1 Schlupp vom grünen Stern. Folge 1: Von Balda nach Terra. http://www.hr-online.de/website/specials/puppenkiste/index.jsp?rubrik=9344&key=standard_document_2825902 (Zugriff am 20.05.2014).

2 Eindrücke auf dem Online-Videoportal YouTube, z. B. Schlupp vom grünen Stern. https://www.youtube.com/watch?v=BVQ1KRqA5EQ (Zugriff am 20.05.2014).

3 Der aktuelle Flyer zeigt keinen Roboter, sondern ein Crazy-Fellmonsterchen. Eine Gemeinsamkeit, über die nachzudenken sich lohnen würde, könnte

Beide Figuren verhandeln die Frage des Arbeitssubjekts. Man muss nicht die etymologische Herkunft des Roboters (vom tschechischen ‚robota': Arbeit, Frondienst, Zwangsarbeit)[4] bemühen, um das zu sehen. Schlupp kann als Verkörperung der antiautoritären Revolte von '68 verstanden werden, ein Nicht-Arbeiter[5] eigentlich oder ein Gegenmodell zur fordistisch organisierten Arbeitswelt der sozialdemokratischen Ära. Seine subjektiven, vitalen Energien und Wünsche machen ihn zum Störfaktor. Die neue Roboterfigur scheint zwar ähnlich fröhlich, arbeitet jedoch für die Gegenseite, wirbt für ein Programm, mit dem die FU Berlin und Sponsoren wie die Berliner Bank und die Industrie- und Handelskammer Berlin den „Unternehmergeist"[6] in den Köpfen und Herzen von Studierenden wecken wollen. Auch hier macht Subjektivität den Unterschied. Doch sie führt nicht zu Aussonderung, sondern ist genau das Plus, ein gewisses alleinstellendes Etwas. Der fröhliche Roboter ist Ergebnis einer historischen Verschiebung und die Verdichtung eines neuen kapitalistischen Arbeitssubjekts. Luc Boltanski und Ève Chiapello haben in diesem Sinne einen neuen „Geist des Kapitalismus"[7] analysiert. Ganz ähnlich begreift Ulrich Bröckling aus Richtung der von Michel Foucault und Louis Althusser kommenden Governmentality Studies das „unternehmerische Selbst"[8], den Entrepreneur also, als hegemoniales Modell der Gegenwart.

man provisorisch „neue Niedlichkeit" nennen. Profund, die Gründungsförderung der Freien Universität Berlin: Funpreneur. Was steckt in dir. http://www.fu-berlin.de/sites/profund/1_Dokumente/Funpreneur_Dokumente/SoSe_14/Flyer-Funpreneur-Wettbewerb-SoSe14.pdf?1394717764 (Zugriff 25.07.2014).

4 Ähnlich in vielen slawischen Sprachen. In dieser Bezeichnung taucht der „Roboter" das erste Mal 1921 in Karel Čapeks Theaterstück *RUR* auf. – Karel Capek: *RUR*, aus d. Tschech. v. Gustav Just. In: Ders.: *Dramen*, hrsg. v. Manfred Jähnichen. Berlin / Weimar: Aufbau 1976, S. 97–196.

5 Zur Frage der Gender-Neutralität: Wenn ich mich nicht irre, sind Roboter geschlechtslos. Bei der Erörterung des Arbeitssubjekts wird man dagegen immer wieder auf ‚Typen', d. h. gesellschaftlich definierte Charaktere wie z. B. ‚den Projektemacher' stoßen. Ich sehe ein, dass es eigentlich nicht ausreicht, voranzustellen, sämtliche geschlechtsspezifischen Ausdrücke seien offen zu verstehen. Dadurch wird ja immer noch die maskuline Form privilegiert. Gerade bei den genannten Typen ist Gendern jedoch oft nicht möglich, ohne dass der Sinn Schaden nimmt. Ich bemühe mich deshalb um einen einigermaßen ausgewogenen Gebrauch der geschlechtlichen Formen und verweise nun doch darauf, dass sie nicht ausschließend zu verstehen sind.

6 Ebd.

7 Luc Boltanski / Ève Chiapello: *Der neue Geist des Kapitalismus*. Konstanz: UVK 2003.

8 Ulrich Bröckling: *Das unternehmerische Selbst. Soziologie einer Subjektivierungsform*. Frankfurt am Main: Suhrkamp 2007.

Es ist symptomatisch, dass die Figur in der FU Berlin auftritt, die 2006 offiziell als Deutschlands „unternehmerischste Hochschule“[9] ausgezeichnet wurde und darüber hinaus als Exzellenzuniversität geradezu ein ideales Exempel der zeitgenössischen Universität darstellt. Die neoliberale Bologna-Reform wurde zu Recht als „epochale Zäsur“[10] in der Geschichte der Universität verstanden, welche die Entwicklung weg von einem klassischen Bildungsideal hin zur Ausbildung für einen idealisierten Markt markiert. Bis heute jedoch fixiert sich die Wahrnehmung eindimensional auf die disziplinarischen Aspekte der Bildungsreform und verfehlt so ihre ideologische Dimension. Der fröhliche Roboter wirft dagegen ein neues, differenziertes Licht auf die Bologna-Uni, indem er weniger ihre repressive Seite als vielmehr ihre Mobilisierungsstrategien und utopischen Gehalte betont. Ihn im Kontext eines Bildungsapparats zu betrachten, bedeutet, nicht von fertigen ‚Subjekten des Arbeitsmarkts‘ auszugehen, wie es eine Passage im Call for Papers dieser *Nebulosa* nahelegen könnte[11]. Es bedeutet, sich zu fragen, wie zuallererst eine Subjektivität inszeniert und (re-)produziert wird, die sich nicht erst unter dem Zwang von Stechuhr oder Exmatrikulationsdrohung, sondern aus eigener Motivation mit der Rolle als Arbeiter_in identifiziert.

ABV. Oder: Was ist eine Universität?

Was macht der fröhliche Roboter in der Universität? Man könnte doch meinen, dort geht es mehr um Bildung und weniger um Arbeit. Wie also ist die Verbindung dieser beiden Sphären? Was ist, wie funktioniert die Universität heute in dieser Hinsicht?

Darauf gibt es zwei Antworten: Erstens kann man dieses ‚Heute‘ als die Zeit nach ‚Bologna‘ begreifen. Die FU Berlin kann, wie gesagt, als Paradebeispiel für die Umsetzung dieser neoliberalen Reformen

9 Karriere – das junge Job- und Wirtschaftsmagazin: FU Berlin, TU Dresden und Uni Kassel sind die unternehmerischsten Hochschulen. Exklusive Studie von *karriere* und Prognos zum Unternehmen Hochschule. (Pressemitteilung 22.11.2006). http://www.prognos.com/fileadmin/pdf/press/1164198319.pdf (Zugriff am 25.07.2014).

10 Ludwig A. Pongratz: *Bildung im Bermuda-Dreieck Bologna-Lissabon-Berlin. Eine Kritik der Bildungsreform.* Paderborn: Schöningh 2009, S. 11.

11 „In einem der zentralen Wahlkampfthemen des Bundestagswahlkampfes 2013 wurden Subjekte des Arbeitsmarkts verhandelt und debattiert, wie mit ihnen durch die Politik umzugehen sei“ (Call for Papers: Arbeiterinnen und Arbeiter. Nebulosa – Figuren des Sozialen, Heft 06/2014. https://www.neofelis-verlag.de/fileadmin/pdfs/nebulosa/cfp_nebulosa-06-2014_arbeiterinnen-und-arbeiter.pdf (Zugriff am 25.08.2014)).

stehen, die als Aufgabe der Universitäten offensiv die Berufsvorbereitung der Studierenden und damit die Stärkung der europäischen Wettbewerbsfähigkeit nennt. Zugespitzt lautet dann die Antwort: Die Universität ist heute von der Wirtschaft oder einer wirtschaftsnahen Politik kolonisiert und zu einem Ausbildungsbetrieb umfunktioniert worden. Zweitens muss man sehen, dass die Universität schon vor dem Neoliberalismus mehr und anderes war als bloß eine Instanz zur Wissensvermittlung oder der Hort reiner Geistigkeit, als den Nostalgiker_innen sie gerne imaginieren. Für Althusser etwa, ein Lehrer Foucaults, ist gerade das Bildungssystem in der bürgerlichen, d. h. kapitalistischen Gesellschaft ein ideologischer Staatsapparat (ISA).[12] Was weniger bedeutet, dass er bewusste Täuschungen und Lügen fabriziert, als dass er die herrschenden Verhältnisse auf einer alltäglichen Ebene reproduziert. Das hieße, das ‚Heute' etwas allgemeiner zu historisieren und die Universität als Institution zu begreifen, in der die Individuen lernen, sich mit den kapitalistischen Verhältnissen zu identifizieren, d. h. vor allem sich selbst, ihr Wissen und ihre Fähigkeiten in den Formen von Lohnarbeit zu verstehen.

„He, Sie da!"[13] Ein Passant wird von einem Polizisten angerufen. Das angerufene Individuum wendet sich um, „in dem Glauben, der Ahnung, dem Wissen, es sei gemeint"[14]. In dieser Umwendung, indem es sich angesprochen fühlt und den Ruf annimmt, wird es zum Subjekt im doppelten Sinne: Es identifiziert sich mit dem Gemeinten, wird ein Ansprechpartner, akzeptiertes Mitglied der Gesellschaft, gleichzeitig jedoch wendet es sich der Macht zu, unterwirft sich oder wird unterworfen, dem Polizisten hörig. Die Doppelbedeutung des Wortes Subjekt – als Mensch im vollen Sinne und gleichzeitig als *subiectum*, einer historischen Ordnung unterworfenes Individuum –, wie sie viele poststrukturalistische Denker_innen benutzen[15], findet sich zentral bereits in Althussers Theorie der ideologischen Staatsapparate. Sie ist Teil einer marxistischen Erneuerungsbewegung, die es sich als Aufgabe setzte, Ideologie nicht als bewusste Manipulation oder Verschleierung der realen Verhältnisse, sondern ihrerseits als Faktor, wirksame und reale Kraft zu untersuchen, die nicht nur im

12 Louis Althusser: Ideologie und ideologische Staatsapparate, aus d. Franz. v. Peter Schöttler. In: Ders.: *Ideologie und ideologische Staatsapparate: Aufsätze zur marxistischen Theorie*, hrsg. v. Peter Schöttler. Hamburg: VSA 1977, S. 108–153, hier S. 108.

13 Ebd., S. 142.

14 Ebd., S. 143.

15 Vgl. Andreas Reckwitz: *Subjekt*. Bielefeld: Transcript 2008, S. 20.

Bewusstsein, sondern „immer in einem Apparat und in dessen Praxis oder Praxen“[16], also „materiell“[17] existiert. Damit öffnet sie den Staatsbegriff auf Institutionen der sogenannten ‚Zivilgesellschaft‘.[18]
Im Kapitalismus ist „die Schule“[19] der paradigmatische ISA. Sie steht bei Althusser für das Bildungssystem im Allgemeinen, ähnlich also auch für die Hochschule. Die Kinder aller sozialen Klassen werden sechs bis acht Stunden am Tag, fünf bis sechs Tage pro Woche, über viele Jahre hinweg diesem Apparat und seinen Reglements unterworfen, um neben praktischen Fertigkeiten die „Regeln der Moral, des staatsbürgerlichen und beruflichen Gewissens“[20] zu verinnerlichen. Die Anrufung der Lehrerin ruft nicht nur Störer und Schlafende zur Ordnung, unterdrückt nicht nur abweichende Lüste, sondern wirkt produktiv. Sie motiviert zur Mitarbeit, holt ‚das Beste aus uns heraus‘. Weiter umfasst der Apparat als Agent oder Agentur von Ideologie auch unpersönliche Formen, bildet ein theatrales[21] Dispositiv, ein Szenario, eine Gesamtheit von Regeln, organisatorischer, räumlicher, zeitlicher Ordnung. Wenn Ideologie funktioniert, so Althusser, erkennen die Individuen diese Ordnung nicht nur irgendwie an. Sie erkennen sich in dem Subjekt, den Anrufungen und Idealen, mit denen diese Ordnung sie anspricht, wieder und fügen sich ihr so – „ganz von alleine“[22] – ein.

> Im Kern der Umstellung des universitären Bildungssystems stand in den vergangenen zehn Jahren der Bachelor als ‚erster berufsqualifizierender Abschluss‘. Die aus der Bologna-Deklaration von 1998 übrigens nur hierzulande so erfolgte Ableitung einer unbedingten Forderung nach ‚Beschäftigungsfähigkeit‘ der Hochschulabsolventen hat eine fast vollständige Transformation des universitären Auftrags nach sich gezogen: weg von der ‚allgemeinen Menschenbildung durch Wissenschaft‘, hin zur Berufsausbildung.[23]

16 Althusser: Ideologische Staatsapparate, S. 137.

17 Ebd.

18 Er systematisiert damit einen Gedanken, den Antonio Gramsci vierzig Jahre zuvor in seinen *Gefängnisheften* notiert hatte. Vgl. Alex Demirović: Die Transformation der Staatlichkeit von Hochschulen. In: *Das Argument* 49,4 (2007), S. 531–545, hier S. 534.

19 Althusser: Ideologische Staatsapparate, S. 112.

20 Ebd.

21 Zum kulturhistorischen Begriff von ‚teatrum‘ und Theatralität vgl. Helmar Schramm / Ludger Schwarte / Jan Lazardzig (Hrsg.): *Kunstkammer – Laboratorium – Bühne. Schauplätze des Wissens im 17. Jahrhundert.* Berlin: de Gruyter 2003.

22 Althusser: Ideologische Staatsapparate, S. 148.

23 Dieter Lenzen: Humboldt aufpoliert. In: *Die Zeit*, 16.03.2012. http://www.zeit.de/2012/12/Studium-Ausbildung (Zugriff am 15.12.2013).

Ohne im Einzelnen auf den Bologna-Prozess eingehen zu können, kann man zuspitzen: Die humboldtsche Allgemeinbildung wird hier vom Ideal der allgemeinen Berufsvorbereitung (ABV) abgelöst. Unter diesem Namen findet sich an der FU Berlin ein eigener Fachbereich mit Bewerbungstrainings, Projektmanagement usf. Ein Sechstel aller Leistungen müssen BA-Studierende obligatorisch hier erbringen – so viel wie ein kleines Nebenfach. Doch ABV ist nur der weithin sichtbare Kirchturm einer allgemeinen Kolonisierung. Nicht nur die Bologna-Deklaration benennt sehr offen die „Verbesserung der internationalen Wettbewerbsfähigkeit des europäischen Hochschulsystems“[24] als ihr Ziel. Auch an der Studienstruktur selbst lässt sich die Disziplinierung auf Marktförmigkeit ablesen. Auf der Makroebene spricht Richard Münch von einem „Umsturz“[25] und der Herausbildung eines akademischen Kapitalismus.[26] Parallel dazu – oder darunter gewissermaßen – wird auch das Subjekt (als Mikrostruktur) zum „Aus- und Aufführungsort“[27] neoliberaler Politik. So machte sich Dieter Lenzen, „Hochschulmanager des Jahres 2008“[28], nicht nur als Präsident der FU Berlin um ihr unternehmerisches Profil verdient, sondern proklamierte in seiner Funktion als Professor für Pädagogik eine Wende „[v]om Ideal der Allgemeinbildung zur Basiskompetenz“[29]. Das setzt an die Stelle reflexiver Bildung das Konzept von Kompetenz: begrifflich zumindest ein messbares, anwendbares, erwerbbares Objekt. Studiengebühren sind in diesem Kontext kein isoliertes Phänomen, keine Schnapsidee durchgeknallter CDU-Fürsten, sondern konsequente Folge eines Systems, das Bildung als Investition in die Zukunft

24 Bundesministerium für Bildung und Forschung: Der Europäische Hochschulraum – Gemeinsame Erklärung der Europäischen Bildungsminister vom 19. Juni 1999. http://www.bmbf.de/pubRD/bologna_deu.pdf (Zugriff am 25.05.2014).

25 Richard Münch: Akademischer Kapitalismus. In: *Die Zeit*, 10.10.2007. http://www.zeit.de/2007/40/Akademischer-Kapitalismus (Zugriff am 25.05.2014).

26 Richard Münch: *Akademischer Kapitalismus. Die politische Ökonomie der Hochschulreform*. Frankfurt am Main: Suhrkamp 2011.

27 Reckwitz: *Subjekt*, S. 87.

28 CHE und Financial Times Deutschland küren Dieter Lenzen zum „Hochschulmanager des Jahres“. http://www.che.de/cms/?getObject=5&getNewsID=871&getCB=398&getLang=de (Zugriff am 15.12.2013).

29 Dieter Lenzen: Vom Ideal der Allgemeinbildung zur Basiskompetenz – Der notwendige Wandel des Bildungsbegriffs. In: Anton Bucher / Karin Lauermann / Elisabeth Walcher (Hrsg.): … *wessen der Mensch bedarf. Bildungsideale im Wettstreit. Veröffentlichung der internationalen Pädagogischen Werktagung Salzburg, Tagungsband der 52. Tagung*. Salzburg: öbvhpt 2003, S. 15–31, hier S. 15.

empfiehlt. Über die neoliberale Sparfunktion hinaus hat dies einen ideologischen Lerneffekt. Das (Post-)Bildungssystem inszeniert den Einzelnen, wenn nicht als Arbeiter, so doch als ‚Jobber‘-Subjekt und stromlinienförmige „Kompetenzmaschine“[30]. Es privatisiert ihn als Unternehmer seines Humankapitals.[31]

Lust auf die Arbeit

> Ohne Begeisterung ist noch nie etwas Großes erreicht worden.
> (Ralph Waldo Emerson)[32]

Beim Entrepreneurship Summit 2011 steht der Neurobiologe Gerald Hüther auf dem Podium. Er wirkt locker, sympathisch zweifellos, voller Enthusiasmus über seine unkonventionellen Kollegen, Querdenker, Verrückte! Er lächelt breit und selbstbewusst, sagt „scheißegal“ und „am Arsch vorbei“. „Discover your Potential!“[33] heißt sein Vortrag – ein Imperativ, aber weniger ein klassischer Befehl als eine Ermutigung oder frohe Botschaft. Es geht um „Begeisterung“[34]. Das verbindet Hüther nicht nur mit der Werbefigur des fröhlichen Roboters, sondern auch mit der Rhetorik im Vorwort des Funpreneur-Katalogs.

„Du brauchst Leistungspunkte, du willst Spaß“, behauptet der Funpreneur-Flyer. Man darf fragen: Widerspricht diese Betonung von Freude und Selbstverwirklichung nicht der Roboter-These, wonach neoliberale Bildung die Zurichtung auf ein Arbeitssubjekt ist? Antwort: Nein. Sie widerspricht nur einem eindimensionalen Bild neoliberaler Arbeitsideologie, das problematisch ist, weil es das Problem unterschätzt. Wäre Bologna, wäre die Agenda 2010 möglich, wenn es von den meisten als rein repressiver Zwang wahrgenommen würde?

30 Michel Foucault: *Sicherheit, Territorium, Bevölkerung. Geschichte der Gouvernementalität 1. Vorlesung am Collège de France 1977–1978,* aus d. Franz. v. Claudia Brede-Konersmann / Jürgen Schröder. Frankfurt am Main: Suhrkamp 2004, S. 319.

31 Vgl. Pongratz: *Bildung im Bermudadreieck*, S. 121.

32 Profund, die Gründungsförderung der Freien Universität Berlin: Funpreneur-Wettbewerb. Die Teams des Sommersemesters 2013 stellen sich vor. http://www.fu-berlin.de/sites/profund/1_Dokumente/Funpreneur_Dokumente/sose_13/Funpreneur_Katalog_SoSe13.pdf?1370945133 (Zugriff am 15.12.2013).

33 Prof. Gerald Hüther – „Discover your Potential“ – Entrepreneurship Summit 2012 in Berlin. http://www.youtube.com/watch?v=4CaWKQmPQFI (Zugriff am10.12.2013).

34 Ebd.

Sicher nicht. Warum und wie ist es also möglich, dass sich die Individuen dermaßen mit ihrer Rolle identifizieren? Diese Frage erst betrifft Ideologie im vollen Sinne, insofern sie über den Polizeiknüppel oder einen bloß unterdrückerischen Apparat – die von Foucault formulierte „Repressionshypothese"[35] – hinausweist auf die utopischen Gehalte des Systems.

> Autonomie, Spontaneität, Mobilität, Disponibilität, Kreativität, Plurikompetenz (im Unterschied zu der beengten Spezialisierung der älteren Arbeitsteilung), die Fähigkeit, Netzwerke zu bilden und auf andere zuzugehen, die Offenheit gegenüber Anderem und Neuem, die visionäre Gabe, das Gespür für Unterschiede, die Rücksichtnahme auf die je eigene Geschichte und die Akzeptanz der verschiedenartigen Erfahrungen, die Neigung zum Informellen und das Streben nach zwischenmenschlichem Kontakt.[36]

Genau die Frage nach attraktiven, „aufregenden"[37] Aspekten verfolgen Luc Boltanski und Ève Chiapello in ihrer prominent gewordenen Studie über den neuen Geist des Kapitalismus. Max Weber hatte argumentiert, dass in der Anfangsphase des Kapitalismus eine protestantische Ethik Leistungsbereitschaft und Disziplin unter den Arbeitern verbreitet habe. Boltanski und Chiapello konstatieren – ausgehend von Managementtexten und Schulbüchern für leitende Angestellte aus den 1960er und angehenden 1990er Jahren – eine Verwandlung der Arbeitsideologie. Paradoxerweise sei gerade die Systemkrise von '68 – verstanden als Periode massenhaften Protests und Widerstands, Streiks, Besetzungen, Ungehorsam und Sabotage[38] – zum Geburtsdatum einer neuen Ideologie geworden, die ein an sich „absurdes"[39] kapitalistisches System legitimiert, „Mobilisierung"[40] und „Enthusiasmus"[41] sicherstellt. Die Eliten in Politik und Wirtschaft konnten eine (Fehl-)Interpretation von '68 als „Revolte gegen die Arbeitsbedingungen und die traditionellen

35 Michel Foucault: *Der Wille zum Wissen. Sexualität und Wahrheit 1*, aus d. Franz. v. Ulrich Raulff / Walter Seitter. Frankfurt am Main: Suhrkamp 1983, S. 21.

36 Boltanski / Chiapello: *Der neue Geist des Kapitalismus*, S. 143.

37 Luc Boltanski / Ève Chiapello: Die Arbeit der Kritik und der normative Wandel. In: Christoph Menke / Juliane Rebentisch (Hrsg.): *Kreation und Depression. Freiheit im gegenwärtigen Kapitalismus.* Berlin: Kadmos 2012, S. 18–37, hier S. 20.

38 Ebd., S. 28.

39 Boltanski / Chiapello: *Der neue Geist des Kapitalismus*, S. 42.

40 Boltanski / Chiapello: Die Arbeit der Kritik, S. 19.

41 Ebd.

Autoritätsformen“[42] durchsetzen, einen Teil ihrer Forderungen in die neuen Unternehmensstrategien integrieren und so neutralisieren. Dies sei auch der Grund der gegenwärtigen „historisch einmaligen Krise der Kapitalismuskritik“[43]. Eine Spielart der Kritik – die „Künstlerkritik“[44] – sei zum Ausgangspunkt einer Produktionsweise geworden, die sich an einem künstlerischen Arbeitsmodell, d. h. autonomere Arbeiterinnen und Arbeiter, persönlichere Beziehungen, abgeflachte Hierarchien etc., orientiere. Dadurch habe man ihr den Stachel genommen und zugleich der traditionellen „Sozialkritik“[45] – d. h. Kritik an sozialer Ungerechtigkeit, Armut, Individualismus statt Solidarität – den Boden entzogen. „Eine andere Welt ist möglich“, verspricht der Funpreneur-Flyer.

Analog dazu bezeichnet Bröckling das unternehmerische Subjekt als „kapitalistische Variante des revolutionären Subjekts“[46]. Die neuen Selbständigen der Ära Thatcher und Reagan erkennen sich nicht mehr in Charlie Chaplin, dem Anhängsel der Maschine. Arbeit wird ihnen ein vitales Anliegen, das nicht nur eine mechanische Handbewegung, sondern die ganze Persönlichkeit verlangt, welche sie als Ressource zugleich erschließt. Die Konventionen, mit denen das Image dieses Subjekts – z. B. im Magazin *Business-Punk* oder, weniger grell im Magazin der Gründungsförderung der FU Berlin *Profund* – fotografisch inszeniert wird, wären eine eigene Studie wert: Einzelporträts, vor allem aber Gruppenformationen, kleine Teams, natürlich nicht in Uniform, eingeschworen wie eine Schiffsbesatzung – eine ‚Schicksalsgemeinschaft‘, in der das Individuum erst erblüht. Und da ist eine Festigkeit in ihrem Blick, von einem Selbstbewusstsein, das keine Feinde nötig hat. Wer Feinde braucht, scheint dieser Blick zu sagen, ist pathologisch, zurückgeblieben oder sogar gefährlich, hat selbst ein Problem. An die Stelle von politischem Streit tritt die Herausforderung, der Horizont, auf den dieser Blick – mit einem Bewusstsein der eigenen Fehlbarkeit, aber auch der Stärke und dem Wert der Mission – geheftet ist.

‚Projektmanagement‘ steht an der FU Berlin fest auf dem Stundenplan für BA-Studierende. Der Projektemacher kann seit Daniel Defoes

42 Ebd., S. 35.
43 Ebd., S. 28.
44 Ebd., S. 29.
45 Ebd.
46 Bröckling: *Das unternehmerische Selbst*, S. 124.

Essay upon Projects von 1697 als Inbegriff des Abenteuerkapitalisten gelten,[47] taucht dann unter veränderten Vorzeichen in den alternativen Wohn-, Arbeits-, Kultur- und Sozialprojekten der 1970er Jahre wieder auf und ist im neuen Kapitalismus allgegenwärtig. Der Staat zieht sich hier keinesfalls zurück – wie die liberale Parole meint –, ändert aber seinen Zugriff. Fördernd und fordernd tritt er als aktivierende, Anreize setzende, mobilisierende Macht in Aktion. Die Figur des Projektemachers entspricht ideologisch der neoliberalen Deregulierung und Flexibilisierung. Er ist ein „Nomade"[48], sieht die Abfolge befristeter Engagements als Chance, ist ständig in Bewegung, unabhängig von festen Bindungen und offen für Neues. Je mehr er sich mit seinen Projekten identifiziert, desto ununterscheidbarer werden Privat- und Berufsleben, Freunde und Geschäftspartner.[49] An die Stelle von Arbeit und Freizeit tritt ein Tätig-Sein, ein Machen, das Entfremdung aufzuheben verspricht.

Auch ‚Kreativitätstechniken' sind ein obligatorisches ABV-Modul. Als „Zivilreligion des unternehmerischen Selbst"[50] ist Kreativität verknüpft mit vagen Heilsvorstellungen und Begrifflichkeiten wie Inspiration, Geistesblitz, Eingebung, Vision etc. Das kann einerseits einen ganz banalen Produktionsdruck – „publish or perish"[51] – verschleiern. Andererseits kann es ein Arbeitsmodus sein. Doch auch hier herrscht selbstverständlich ein „Ethos der Produktivität"[52]. Beim Brainstorming etwa wird ein temporärer Freiraum geschaffen, Leistungsdruck suspendiert usf. Einen Wert hat die Spielerei jedoch nur, wenn sie verwertbaren Ergebnissen, Problemlösungen oder Innovationen dient. Die Ex-Bildungsministerin Annette Schavan definiert: „Hochschulen und das Wissenschaftssystem insgesamt sind Teil des Innovationssystems"[53]. Das Leitbild des oder der Kreativen ist in

47 Bröckling: *Das unternehmerische Selbst*, S. 252.

48 Boltanski / Chiapello: Die Arbeit der Kritik, S. 26.

49 Vgl. Boltanski / Chiapello: *Der neue Geist des Kapitalismus*, S. 209.

50 Bröckling: *Das unternehmerische Selbst*, S. 152.

51 Dazu das Angebot der Dahlem Research School: Den Schreibprozess kreativ und effizient gestalten. http://www.fu-berlin.de/en/sites/promovieren/drs/qualification/skills/ws1213/TS-AP/PP/schreibprozess.html (Zugriff 15.12.2013).

52 Bröckling: *Das unternehmerische Selbst*, S. 178.

53 Bundesministerium für Bildung und Forschung: „Humboldt vs. Bologna". Rede der Bundesministerin für Forschung und Wissenschaft Prof. Dr. Annette Schavan, MdB anlässlich des Besuchs der Zeppelin Universität am 15. September 2009 in Friedrichshafen, S. 6. http://www.bmbf.de/pub/reden/mr_20090915.pdf (Zugriff am 25.05.2014).

diesem Sinne weniger ein Genie oder Träumer, sondern ein mindmappender Querdenker: Ein Querkopf, ja Revolutionär, dessen Neuerungen allerdings alle marktkonform sein müssen. Wie die Universitäten seit Ende der 1990er Jahre gehalten sind, ein Markenprofil zu entwickeln, um ‚sichtbar' zu werden und erfolgreich um Drittmittel oder ‚Exzellenz' zu streiten – mein Liebling hier ist die Uni Bremen: „Ambitioniert und Agil"[54] – werden auch für das Subjekt Originalität, Differenz, der lachende Tanz aus der Reihe der anderen, langweiligen Roboter zur Pflichtübung. Dabei darf – wie bei Castingshows im Allgemeinen – selbstverständlich nicht zu sehr gelacht und nicht ernsthaft aus der Reihe heraus getanzt werden.

‚Selbstverwirklichung' ist vielleicht die rätselhafteste Eigenschaft des Funpreneurs oder der Funpreneurin, betrifft sie doch direkt das Selbst des Subjekts. Man wird sie auch in dieser Form nicht im ABV-Programm der FU Berlin finden. Als Imperativ der Begeisterung existiert sie aber durchaus und ruft die Individuen auf, ihr Potential zu entfalten. Das, so Hüther, lasse sich allerdings nicht stur trainieren, sondern hänge davon ab, ob uns etwas unter die Haut geht. Begeisterung ist eine Seinsweise, ein „Modus, in den wir zurückfinden müssen"[55]. Er beschwört kindliche Neugier, fordert auf, Ballast abzuwerfen, und verspricht: „Dass man endlich der werden kann, der man sein könnte. Das wäre die frohe Botschaft".[56] Im gleichen Atemzug – und das ist bemerkenswert – wird Selbstverwirklichung zu einem politischen Programm erhoben: Als Potential-Entfaltungskultur „in den Unternehmen [...] oder in Kommunen oder in Schulen, im Erziehungssystem", in der sich die Führungskräfte bemühen, „die Mitarbeiter einzuladen und zu inspirieren, Lust auf die Arbeit zu kriegen".[57]

Als Macher_in von Projekten, Innovator_in und Boss seiner Selbst wird dem Subjekt die gestalterische Kraft, die ihm gleichzeitig entzogen wird, neu und anders wieder zugesprochen und abverlangt. Die Verheißung von Selbstverwirklichung scheint dabei der mächtigste Anreiz zu sein, sich freiwillig in die oft beschämend profanen Zwänge einer neoliberalen Arbeitsexistenz zu fügen. Sie verspricht, Entfremdung aufzuheben, die ganze Person, ihre individuellen und sogar unbewussten Eigenheiten in den Arbeitsprozess zu integrieren

54 http://www.uni-bremen.de/exzellent.html (Zugriff am 25.07.2014).

55 Prof. Gerald Hüther – *„Discover your Potential!"*.

56 Ebd.

57 Ebd.

und ihr dadurch zugleich Ausdruck zu verleihen. Zum einen hat das Folgen für den Stellenwert von Subjektivität innerhalb der Arbeit. War sie früher einmal Störgröße in der Produktion und Ausgangspunkt von Gewerkschaftshandeln,[58] wird sie nun als Ressource für einen neuen Typus der Wertschöpfung erschlossen – „Leistung aus Leidenschaft"[59] wirbt die Deutsche Bank. Umgekehrt hat das Folgen für den Stellenwert von Arbeit innerhalb der Subjektivität. Wie Hüthers Begeisterung fährt die Arbeit dem Subjekt unter die Haut. Selbstverwirklichung als Bedürfnis wird anthropologisch fundiert,[60] ganzheitlich gewissermaßen dem Einzelnen auf den Leib und ins Gewissen geschrieben. Als Ideal zielt sie auf die Identifikation mit der eigenen gesellschaftlichen Position, Performance statt Theaterspiel.[61] Das bedeutet – salopp gesagt – die politische Verdummung. Die Anrufung, sich mit der Arbeit zu identifizieren, in ihr das eigene Selbst zur Verwirklichung zu bringen, wirkt einer Distanznahme entgegen. So wird nicht nur der ökonomische Status, sondern auch ein Bewusstsein der eigenen gesellschaftlichen Rolle und Subjektivität – im Sinne von Unterworfenheit – höchst prekär.

Die Freuden des Marketings

> Selbst die Putzfrau, die so in der öffentlichen Meinung ganz unten ist, hat eine Gestaltungskraft […]. Also wenn die zum Beispiel die Nutzer dieses Klos anlächeln würde und sagen: ich freu mich, dass sie zu mir kommen. Es macht mir auch Spaß, das hier für sie sauber zu halten. Aber es wäre auch ganz toll, wenn sie nicht daneben pinkeln würden.[62]

Im fröhlichen Roboter verdichtet sich eine neue kapitalistische Ideologie, die über die disziplinarische Zurichtung auf eine Funktion als Arbeitskraft hinausgeht. Das neoliberale Bildungsregime nach ‚Bologna' ist durch Diskurse und Produktionsweisen charakterisiert, die eine Anziehungskraft besitzen, weil sie vorgeben, die Subjekte als

58 Vgl. Bröckling: *Das unternehmerische Selbst*, S. 224.

59 Z. B. hier https://www.deutsche-bank.de/index.htm (Zugriff am 25.08.2014).

60 Ebd., S. 165.

61 Vgl. Matthias Warstat: Von der Pflicht, Schauspieler zu sein. Darstellung und gesellschaftliche Disziplinierung. In: Jens Roselt / Christel Weiler (Hrsg.): *Schauspielen heute. Die Bildung des Menschen in den performativen Künsten.* Bielefeld: Transcript 2011, S. 203–213.

62 Prof. Gerald Hüther – *„Discover your Potential!"*.

‚ganze Menschen' anzusprechen. Relativierend muss man anmerken: Sie betreffen vor allem „Führungskräfte, deren Identifikation mit dem Kapitalismus […] unabdingbar ist".[63] Allerdings stellen soziale Eliten immer auch Multiplikatoren dar. Hüthers Phantasie der fröhlichen Klofrau zeigt deutlich, dass der kreative Imperativ und die Anrufung, sich mit der eigenen Position zu identifizieren – die Scheiße zu lieben, wenn man es so ausdrücken darf –, zumindest theoretisch auch vor Menschen in einer unterprivilegierten Position nicht Halt macht.
So führt die Frage der Arbeit zu Problemen politischen Bewusstseins und Handelns: Was tun? Bedeutet die Privatisierung der '68er-Utopien, dass man resignieren, Spaß und Interesse an dem, was man tut, rigoros verneinen muss? In der Tat scheint eine Sehnsucht nach den guten alten Unterdrückungsverhältnissen ja weit verbreitet zu sein. Es darf jedoch auch bezweifelt werden, ob Berliner ‚Klomenschen' oder Textilarbeiter_innen in Bangladesch wirklich als Modell glückseliger Menschen taugen. Statt also vor Hilflosigkeit reaktionär zu werden und zu unterschlagen, wie berechtigt die Kritik an paternalistischen, hierarchischen Strukturen ist, wäre Ernüchterung über die eigene Position als Lohnarbeiter_in eine Option. Eine andere wäre, aktuelle Pathologien und Formen des Unbehagens[64] als politische Widersprüche zu begreifen. So kann man, Deleuze wegweisenden Text zur Kontrollgesellschaft[65] weiterdenkend, den Burnout als Folge eines nach Innen verlagerten Klassenkampfes, das *erschöpfte Selbst*[66] als Kehrseite des vor Leidenschaft brennenden, unternehmerischen Selbst erkennen. Im Schatten und als geheimer Motor des großen, fröhlich engagierten Roboters wird dann ein ängstlicher, künstlich Vereinsamter sichtbar, der nach Veränderung schreit. Ein solches Verständnis der Verhältnisse ist vielleicht ein erster, sicher nicht der letzte Schritt, um die „Freuden des Marketings"[67] anzugreifen und Raum für wirklich andere Projekte, andere Formen von Frohsinn und Selbstverwirklichung zu schaffen.

63 Boltanski / Chiapello: Der neue Geist des Kapitalismus, S. 51.

64 Vgl. Christoph Menke / Juliane Rebentisch: Vorwort: Zum Stand ästhetischer Freiheit. In: Dies. (Hrsg.): *Kreation und Depression*, S. 7–8.

65 Gilles Deleuze: Postskriptum über die Kontrollgesellschaften, aus d. Franz. v. Gustav Roßler. In: Ebd., S. 11–17.

66 Alain Ehrenberg: *Das erschöpfte Selbst. Depression und Gesellschaft in der Gegenwart.* Frankfurt am Main: Suhrkamp 2004.

67 Deleuze: Postskriptum, S. 17.

Arbeiter*innen, Kreative, Probende – Eine Haltung der Differenz

Leon Gabriel[1]

1) Allgemeinplätze der Dichotomie

Ein vielfach zu vernehmender Allgemeinplatz lautet, dass es sich bei Künstler*innen um die Avantgarde des Turbokapitalismus handele. Ihre Arbeit sei eine perfide Form der Selbstausbeutung, die mittlerweile paradigmatisch für die seit den 1970er Jahren stark gewandelten Produktionsweisen westlicher Industrienationen sei. Wo vordergründig Kreativität, Spontaneität, der Drang nach Freiheit statt Entfremdung und authentischer Ausdruck für immer neue Produktionskreisläufe gefördert werden, seien Künstler*innen demnach nicht nur als Erste von diesen Umwälzungen betroffen, sondern vor allem diejenigen, die diese neuen Arbeitsmodelle mit ihrem Streben nach individueller Erfüllung gefordert, *erprobt* und verallgemeinerbar gemacht hätten.[2] Diese Entwicklungen sind zu einem Teil unbestreitbar, zumal das neoliberale Management heute alle (Kultur-)Institutionen nach Rentabilitätskriterien umkrempelt und sich dabei einer Metaphorik des Künstlertums bedient. (Die Ideologie dieser Spielart des Finanzdiktats hat etwa die Deutsche Bank in den Slogan *passion to perform* gemeißelt.)

Im Fahrwasser der Auslegung dieser Entwicklungen jedoch schwimmen seit geraumer Zeit diverse Positionen von Kulturschaffenden, die ihre jeweiligen ästhetischen Programme und Schulen/Ausbildungsinstitutionen als einzig probates Mittel gegen diese Übel der Gegenwart zu behaupten suchen. Dabei entsteht oftmals eine Dichotomie von identifikatorischem Schauspiel auf der einen, auf Präsenzeffekte getrimmter Performance auf der anderen Seite, die von den Theoretiker*innen beider so gebildeter Lager in Kauf genommen

1 Für sorgfältiges Redigieren danke ich neben den Herausgeber*innen von *Nebulosa*: Olivia Ebert, Bernhard Siebert und Fanti Baum.

2 So die stark verkürzte, einst kontroverse, nunmehr wohlfeile These aus Luc Boltanski / Eve Chiapello: *Der neue Geist des Kapitalismus*. Konstanz: UVK 2003. Vgl. Christoph Menke / Juliane Rebentisch (Hrsg.): *Kreation und Depression. Freiheit im gegenwärtigen Kapitalismus*. Berlin: Kadmos 2011.

wird, beidem aber Unrecht tut und an der zu untersuchenden Sache vorbeigeht: Kunst in ihrem Verhältnis zu gegenwärtiger Arbeit.
Daher werde ich analysieren, wo Parallelen zwischen künstlerischen und anderen zeitgenössischen Arbeitsformen liegen, die daraus entstehenden Trugschlüsse knapp darlegen, um schließlich mit der *Differenzhaltung* einen dritten Weg aufzuzeigen, der nicht dialektisch zwischen Performance und Repräsentationstheater vermittelt, sondern den Widersprüchen beider Pole Rechnung trägt.

2) Postfordistische Arbeit und Performance

Die Gegenwartsdiagnose, Kreativ-Arbeitende seien unter beständigem Leistungsdruck angehalten, sich gänzlich mit ihrer Arbeit zu identifizieren und gleichzeitig authentisch wie flexibel zu agieren, greift trotz Verkürzungen unbestreitbar Parallelen zwischen künstlerischer und nicht-künstlerischer Produktion auf. Der vieldiskutierte Wandel der Arbeitsverhältnisse verläuft ungefähr zeitgleich zum laut proklamierten *performative turn* der Künste. Neben dieser zeitlich-historischen Ebene gibt es weitere Strukturhomologien wie sich ähnelnde Arbeits*methoden*,[3] wobei für mich das dabei jeweils implizite Subjektverständnis relevant ist.
Im Postfordismus produziert nicht mehr eine zentrale Institution (wie im Fordismus die Fabrik), sondern vielmehr viele kleinere, zusammenhängende Formen gemeinsam. Arbeit ist nicht mehr allein eine herstellende, produktive Tätigkeit von materiellen Gütern, sondern basiert auf kommunikativen und kognitiven Fähigkeiten, auf hoher Flexibilität und dem „permanenten Umgang mit Unvorhersehbarem". Insofern wird bei „solchen Produktionsweisen […] die gesamte Persönlichkeit gefordert, ihr Intellekt, ihr Denken, ihr Sprachvermögen, ihre Affekte". Was zum Ende der Arbeitsteilung und „erheblichen persönlichen Abhängigkeiten" führt – „nunmehr allerdings weniger zu Abhängigkeiten von Regeln und Vorschriften, sondern von einzelnen Personen im Arbeitsverhältnis, aber auch von Netzwerken, um gegebenenfalls an den nächsten Job zu kommen".[4]

3 Siehe u. a. Maurizzio Lazzarato: Art and Work. In: *Parachute* 122 (2006): Travail ** Work, http://thenewobjectivity.com/pdf/artandwork.pdf (Zugriff am 11.09.2014); Gabriele Klein / Bojana Kunst: Preface. In: *Performance Research* 17,6 (2012): On Labour and Performance, S. 1–3, hier S. 1.

4 Alle Zitate dieses Absatzes aus Isabel Lorey: *Die Regierung der Prekären.* Wien: Turia & Kant 2012, S. 96.

In dieser „tendenziell produktlosen Produktionsweise"[5] gibt es paradoxerweise eine andere Art ‚Produkt': Formen des Sozialen, in denen sich Arbeit (als Produktion) und Leben unauflöslich verschränken, wobei der gleichzeitige Abbau von Sicherungssystemen beide Bereiche betrifft.[6] Damit fordert diese Arbeit nicht einfach vom Subjekt, sich ganzheitlich einzubringen (was ein präfiguriertes Selbst implizieren würde), sondern formt selbiges je neu. So heben Autor*innen wie Paolo Virno, Maurizio Lazzarato und Isabel Lorey die *Produktion* von Sozialität und damit von Subjektivitäten[7] hervor, sodass von einem autonomen Subjekt oder ‚dem' Menschen an sich in einem Stadium vor dieser Entfremdung/Vergesellschaftung keine Rede sein kann. In diesem Verhältnis scheinen dem Subjekt traditionelle Rückzugsbereiche (Privatsphäre, intime Wünsche) genommen zu sein. Doch hat Michel Foucault gezeigt, wie mittels der Disziplin[8] im Frühkapitalismus und dann durch das Dispositiv der Sexualität in der Hochphase der kapitalistischen Entwicklung die Macht, im Sinne einer gesellschaftlichen Verortung und Strukturierung, das Subjekt auch in den privatesten Bereichen durchdringt und allererst hervorbringt.

Der Wandel von früheren Formen der Arbeit und Subjektivierung ist daher nicht als harter Bruch und Ablösung vom Vorhergehenden zu verstehen: Vielmehr gibt es eine Verlagerung vom Dispositiv der Disziplin, welches von einem panoptischen Blick bestimmt ist, zu dem

5 Lorey: *Die Regierung der Prekären*, S. 97.

6 Lorey argumentiert mittels der von Arendt durchleuchteten Teilung menschlicher Tätigkeit in Arbeiten, Herstellen und Handeln, wobei nach Lorey im Postfordismus diese Bereiche in Eins fallen (ebd., S. 108), was sie mit dem Begriff des performativ Arbeitenden umschreibt. Jedoch ist Arendts Handlungsbegriff des Unabsehbaren von den Sprachhandlungen der Sprechakttheorie (Performativa) als verallgemeinerbares Schema scharf zu unterscheiden. Vgl. Hannah Arendt: *Vita Activa oder Vom tätigen Leben*. München: Piper 2013, insb. S. 16–23, 234–236; Werner Hamacher: Arbeiten Durcharbeiten. In: Dirk Baecker (Hrsg.): *Archäologie der Arbeit*. Berlin: Kadmos 2002, S. 155–200, hier S. 185–186.

7 Conversation with Maurizio Lazzarato – Public Editing Session #3, June 23th, 2010. In: *Exhausting Immaterial Labour in Performance. Le Journal des Laboratoires in TKH* 17 (2010), S. 12–16, hier S. 13. Dennoch gibt es noch materielle Produkte und z. B. konzeptionelle, aber nicht minder abgeschlossene Werke. Aus dem scheinbar produktlosen Charakter rührte die Begriffsbildung ‚immaterielle Arbeit', die wegen der unpräzisen Teilung in materiell–immateriell aufgegeben wurde (ebd., S. 12).

8 Michel Foucault: *Überwachen und Strafen. Die Geburt des Gefängnisses*. Frankfurt am Main: Suhrkamp 2002.

der Kontrolle[9] und schließlich dem der Performance/Performanz.[10] Dabei sind die sprach- wie kulturwissenschaftlichen Theorien des Performativen mit ihrer Wirkungslogik und akteursbezogenen Sicht expliziter Bestandteil dieses Performanz-Dispositivs der Arbeit und seiner Ideologie des beständigen Leistungsbefehls: an ein Limit zu gehen, bestenfalls nicht nur einen Standard zu erfüllen, sondern neue zu setzen und dabei vor allem möglichst virtuos und situationsabhängig flexibel zu agieren. Doch auch im Performanz-Dispositiv bleiben disziplinarische Residuen bestehen, die jenes sogar stützen. Das daraus entstehende Gesellschaftsgefüge ist konfus, weil es vereinzelt, zugleich aber durch die Art dieser massenhaften Vereinzelung wiederum eine recht einheitliche Vergesellschaftung herstellt. Deren zentrale Prinzipien sind die des Projekts – mit einer „paradoxe[n] Verbindung zwischen Standardisierung und der Forderung nach Differenz"[11] – und der Drohung, von diesen letztlich austauschbaren Arbeitsprozessen (da alle nach denselben Rentabilitäts- wie Kontrollstandards bewertet werden) gänzlich ausgeschlossen zu werden. Das konstitutive Außen zu dieser Ideologie bilden damit Erschöpfung, Unvermögen oder auch Passivität, wodurch unter dem Signum der Performanz ein beständiger Ausschluss generiert wird.

Für die Arbeiter*innen im Postfordismus resultiert daraus eine Anforderung, wie es etwa das Wissenschaftsprinzip des *publish or parish* zum Ausdruck bringt: Was nicht in den Parametern der quantitativen Leistung (ständiger Output) gefasst werden kann, wird aussortiert. Die qualitative Ebene dieser Drohkulisse zeigt sich im Bild einer/s äußerlich souverän d. h. mit sich und seinen Darbietungen kohärent auftretenden/s Darsteller*in, die/der sich nur solange auf einer Bühne halten darf, wie das Publikum interessiert den virtuosen, spontanen, amüsanten, aufregenden Darbietungen folgt – wird er/sie unsouverän, so schweift das Publikum ab, so wird der Umsatz

9 Gilles Deleuze: Postskriptum über die Kontrollgesellschaften. In: Menke / Rebentisch (Hrsg.): *Kreation und Depression*, S. 11–17. Für einen Überblick dieses Wandels siehe Ulrike Hass: Räume des Werdens. In: Aenne Quiñones / Tom Mustroph (Hrsg.): *Neue Spieler, alte Städte. Theaterfestival Favoriten 2010. 25 Jahre Theaterzwang NRW*. Berlin: Theater der Zeit 2010, S. 51–58. Als PDF abrufbar unter http://www.favoriten2014.de/downloads/Archiv/FAVORITEN_THDZ.pdf (Zugriff am 28.05.2014).

10 Jon McKenzie: *Perform – or else. From Discipline to Performance*. London / New York: Routledge 2001, insb. S. 3–26, 130–135, 155–190.

11 Bojana Kunst: Das zeitliche Maß des Projektes. In: *Nebulosa. Zeitschrift für Sichtbarkeit und Sozialität* 4 (2013), S. 49–65, hier S. 52.

rückläufig und die/der Darsteller*in direkt durch den/die Nächste*n ersetzt.

Aus diesem Bild der Leistungsgesellschaft speisen sich die immer neuen Auslegungen der Strukturhomologie von Theater und Arbeit im Postfordismus. Die Argumentation ist jedoch meist zirkulär: Darstellende/Performer*innen sind demnach die paradigmatischen Arbeiter*innen des Postfordismus, weil postfordistische Arbeit Darstellung ist – dieser Zirkel geht natürlich nur solange auf, wie ‚Darstellung' verallgemeinert und irgendwie unter dem Performanzprinzip gefasst wird, worin aber erst der eigentliche Zirkelschluss liegt: Performanz ist dann deshalb ubiquitär, weil alles Performance ist. An dieser Tautologie sind jedoch weniger die künstlerischen Praktiken schuld, die meist aus Mangel an Genrebezeichnungen ‚*der* Performance' zugeordnet werden, als vielmehr der diskursive Überbau. Als pauschales Urteil über die Ästhetik der unzähligen so bezeichneten Arbeiten ist die grobe Zuordnung ‚Neoliberalismus/Postfordismus = Performance' nicht haltbar und gibt eher Aufschluss über die implizite Ideologie der Analyse oder theoretischen Begleitmusik.

3) Das Subjekt der Arbeit

Als problematisch erweist sich die Figur des gegenwärtigen Kreativ-Arbeitenden unter Leistungsdruck dort, wo sie unter dem Imperativ subsumiert wird, Rolle des Selbst und Arbeitsfunktion verschmelzen zu lassen. Denn im Postfordismus wird eine kalkulierte Form des Selbst vermittels Selbstunterwerfung und Selbstregierung als Produkt hergestellt, sogar dort, wo es vielfältig als ein Anspruch an Kompetenz und Virtuosität daherkommt.[12] Ob dieses so behauptete Selbst immer auf dasselbe Selbst (Authentizität) oder je neu hervorzubringende ‚Selbste' (Flexibilisierung) festgelegt ist, macht keinen Unterschied. In der Produktion von Subjektivitäten entsteht eine objektivierte Version der eigenen Lebendigkeit nicht entgegen einer nach außen getragenen Behauptung von Persönlichkeit, sondern erst *vermittels* dieser.[13] Das isolierte Subjekt der Arbeit der Performanz ist zugleich Objekt dieser Arbeit.

12 Vgl. Lorey: *Die Regierung der Prekären*, S. 110; Maurizio Lazzarato: Immaterielle Arbeit. Ästhetisierung der Politik und der Produktion unter den Bedingungen des Postfordismus. In: Ders. / Toni Negri / Paolo Virno (Hrsg.): *Umherschweifende Produzenten. Immaterielle Arbeit und Subversion*. Berlin: ID 1998, S. 39–52, hier S. 45.

13 Roberto Esposito: *Person und menschliches Leben*. Zürich / Berlin: Diaphanes 2010, S. 29–30.

Was daran ist Teil einer allgemeineren Bestimmung von Arbeit, was neu? Nach Lazzarato ist postfordistische Arbeit eine Formung und Materialisierung von Bedürfnissen, Imaginationen und Geschmäckern, welche „wiederum […] selbst zu mächtigen Begründungen von Bedürfnissen, Imagination und Geschmack“[14] werden. Deren Wert liegt in der Zuspitzung einer allgemeinen Bestimmung der Arbeit: „Die Arbeit produziert nicht nur Waren, sondern vor allem ein soziales Verhältnis, das Kapital.“[15] Dies bedeutet keinen grundlegenden Unterschied zu älteren Arbeitsformen, lässt aber den Charakter des Kapitals als *Prinzip der Vergesellschaftung* deutlicher werden, welches damit immer schon Entfremdung von einem autonomen Selbst bedeutet.

Arbeit ist mit Karl Marx gesprochen immer schon Arbeit am Menschen und mithin am Subjekt. Das geht nicht zuletzt aus dem von Postoperaist*innen so emphatisch zitierten *Maschinenfragment* hervor, wo die „freie Entwicklung der Individualitäten“ beschrieben wird, dort allerdings noch zusammengefasst unter einem Metasubjekt: „Produktivkräfte und gesellschaftliche Beziehungen“ sind hier „beides verschiedene Seiten der Entwicklung des gesellschaftlichen Individuums“.[16] Die Arbeit, wie Marx sie beschreibt, beinhaltet einen totalisierenden Zug hin zu einer Menschwerdung, der die Arbeit zugleich von sich selbst als Mühsal befreien und dasjenige überwinden will, was die arbeitsteilige Gesellschaft ausmacht: ihre Gegensätze. Sie ist „aber primär Reaktion auf eine Krise“, denn die Arbeit kann diese Heilsversprechen nicht einlösen, weil sie „der anvisierten Menschwerdung zuwiderläuft“.[17] Diese Paradoxie ist auch praktischer Natur: Arbeit wird im 18. Jahrhundert zunehmend zu einem unbestimmten Begriff jeglicher Produktivität. Schwierig an der Weltsicht

14 Lazzarato: Immaterielle Arbeit, S. 48.

15 Ebd.

16 Karl Marx: Grundrisse der Kritik der politischen Ökonomie (Rohentwurf). In: Ders. / Friedrich Engels: *Marx-Engels-Werke* (*MEW*), Bd. 42: Ergänzungsband Ökonomische Manuskripte 1857/58. Berlin: Dietz 1974, S. 592–594, hier S. 593. Vgl. die problematisierenden Rückfragen an diese Passage in Jean-Luc Nancy: Arbeit. In: Nicola Lepp / Daniel Tyradellis (Hrsg.): *Arbeit. Sinn und Sorge.* Zürich / Berlin: Diaphanes 2009, S. 130–140, hier S. 134.

17 Martin Jörg Schäfer: *Die Gewalt der Muße. Wechselverhältnisse von Arbeit, Nichtarbeit, Ästhetik.* Zürich / Berlin: Diaphanes 2013, S. 153. Die Arbeit schuldet sich gewissermaßen selbst. Vgl. Jörn Etzold: Die Arbeit der Spekulation. In: Ders. / Martin Jörg Schäfer (Hrsg.): *Nicht-Arbeit. Politiken, Konzepte, Ästhetiken.* Weimar: Verlag der Bauhaus-Universität 2011, S. 106–123.

Marx' (und ihm folgend der Arbeiterbewegung) ist auch die Einschränkung, nur dasjenige als eine Konstituierung der Welt und des Selbst anzuerkennen, was aus Arbeit hervorgeht.[18] Der Definitionsgröße Arbeit lastet so generell der Mangel an, dasjenige auszuschließen, was nicht produzierende Erwerbstätigkeit ist.

In diesem Ausschlusscharakter der Arbeit bilden sich erste Risse im Panzer ihrer totalisierten Behauptung. Denn Arbeit ist durchzogen von ihren Andersheiten, die sie verleugnen muss, vor allem „das Stückwerkhafte der Arbeitsteilung, das das Versprechen selbstschöpferischer Arbeit überhaupt erst hervorbringt"[19]. In der Individualisierung des Postfordismus und dem Totalwerden der Arbeit ist kein einheitliches revolutionäres Subjekt der Arbeiter*innen mehr auszumachen, weil nicht mehr Klassenzusammenhänge ordnungsstiftende Metanarrative bilden (die Produktionsformen sind wie die Subjektivitäten versprengt und multipel), sondern affektive Bindungen und Erfahrungszusammenhänge zu verstreuten Kollektivitäten führen.[20] Wie also der Aufsplitterung in immer neue produzierende Kleinsteinheiten begegnen? Wie eine Position finden, nicht ausschließlich regiert zu werden vom Befehl der Performanz? Oder diese Entfremdung als eine solche zu verhandeln? Wo wäre das Andere der Performanz und des souveränen Selbst?

Nimmt man die Überlegungen ernst, dass es sich bei den Anrufungen des Neoliberalismus zu Selbstregierung, Zurschaustellung von Kohärenz und Identifikation mit dem Tun (also dem kategorischen Ausschlussgebot von Distanz und Differenz) um eine Verschärfung von Eigenheiten der Arbeit und ihrer Verheißung handelt, so ist ab diesem Punkt die behauptete Deckung mit der Arbeit von Künstler*innen zu befragen. Denn künstlerische und speziell darstellend-künstlerische Tätigkeiten haben die Möglichkeit, dasjenige zu umspielen, was nicht aufgeht in der Logik von kalkulierbarer Ursache und Wirkung: eine Differenz. Dies beginnt schon mit der Differenz von behauptetem Bild (einer Rolle oder eines Selbst) und der je verschiedenen

18 Maurizio Lazzarato: The Concepts of Life and the Living in the Societies of Control. In: Ders.: *Deleuze and the Social.* Edinburgh University Press 2006, S. 171–190, hier S. 190.

19 Schäfer: *Die Gewalt der Muße*, S. 115.

20 Paolo Virno: *Grammatik der Multitude. Untersuchungen zu gegenwärtigen Lebensformen.* Berlin: ID 2005, S. 128.

Deutung/Lektüre dieses Bildes. So hebt Hannah Arendt hervor, dass, wer sich im Öffentlichen darstellt und dort spricht und handelt, sich qua Sprechen und Handeln „mit ins Spiel bringt, ohne daß doch derjenige, der sich so exponiert, je wissen oder berechnen kann, wen er eigentlich als sich selbst zur Schau stellt“[21]. Weil darstellende Künste (ob nun Schauspiel oder Performance) mit einer Differenz aus Darstellung und Dargestelltem zu tun haben, ließe sich nie das eine zugunsten des anderen tilgen und auf eine geschlossene Intention reduzieren.

4) Differenzhaltung und Offenheit

Die Definition des/r Performer*in als jemand, der/die nichts repräsentiere, sondern nur er/sie selbst sei und etwas tue,[22] ist mit Blick auf gegenwärtige Kunst zu reformulieren, ebenso wie der naive Begriff von dem/r Schauspieler*in, als jemand, der/die gemäß des identifikatorischen Spiels ganz in einer Figur aufgeht. Viele Performer*innen und auch Schauspieler*innen entwickeln eine spezifische Arbeitsweise: sie machen sich zwar zum Objekt der Verhandlung, stellen mitunter ihre körperlichen Spezifika oder singulären Bewegungen aus, aber dies, um eine andere Schwerpunktsetzung als die psychologisierende Motivation von Handlungen und die Deckung von Darstellung und Dargestelltem zu suchen und um dabei *gegen* die Produktion eines kohärenten Selbst wie auch der Behauptung völliger Flexibilität zu opponieren. Diese *Differenzhaltung* ist damit zunächst das Minimum an eingestandenem Freiraum, jene Selbstdifferenz, sich von der Fixierung des eigenen Selbst auf eine ‚Person‘ insoweit zu entfernen, dass zumindest die Uneindeutigkeit des angeblich ‚Persönlichen‘ zutage tritt und die Reduktion auf eine identifizierte und unbewegliche Position fraglich wird.[23] Diese Offenheit als Entfremdung von einem wie auch immer vorgeprägten Selbstbild meint keine neue intentionale Steuerung, keine klammheimliche Wiedereinführung des

21 Arendt: *Vita Activa*, S. 241.

22 Vgl. Michael Kirby: On Acting and Not-Acting. In: *The Drama Review* 16,1 (1972), S. 3–15.

23 Die Kategorie ‚Person‘ ist an die liberalistische Vorstellung vom Besitz des eigenen Körpers gebunden. Vgl. Esposito: *Person und menschliches Leben*, S. 46. Diese Vorstellung findet sich auch im identifikatorischen Verständnis von Schauspiel als ‚Verkörperung‘ von Rollen wieder. Das Ausstellen des je singulären Körpers verhandelt hingegen dessen Unzugehörigkeit.

autonomen Subjekts, sondern eine „Erfahrung des Mit-sich-uneins-Seins“[24] und einen Widerstand gegen die ständige Forderung nach einem ausgedrückten Selbst. Trotzdem bezeichnet die *Haltung* auch eine Stellungnahme, sich zu den gegenwärtigen Forderungen an das Subjekt zu positionieren und nicht in eine „totalironische Indifferenz einerseits [und] die totalidentische Authentizität andererseits“[25] zu verfallen.

Die Differenzhaltung meint noch einen weiteren Schritt: Die aporetische Situation, die sich aus gegenwärtigen Subjektformen ergibt, ist keine rein theoretische, sondern eine praktizierte Paradoxie. Weder geht sie in eine gänzliche Auflösung des Subjekts über (denn beständig werden neue Subjektivitäten produziert), noch kann an einem klaren, einheitlichen Subjekt (der Vernunft) festgehalten werden. Allerdings kann, und das ist entscheidend, die *Anerkennung dieser Aporie selbst* zur Forderung werden.[26] Und dafür kann die Paradoxie, beständig neue Rollen zu produzieren, dahinter aber kein mit sich kohärentes Selbst behaupten zu können, ausgestellt werden – sowohl in Schauspiel als auch Performance.

Mit Blick auf die Vermarktungs- und Ausbeutungslogiken des alten wie neuen Kapitalismus sind aber auch jene Auftrittsformen schwierig, die ein Subjekt behaupten, welches sich im Auftritt als ein Nur-So-und-Nichts-Anderes darstellt. Reduziert auf sein So-Sein (etwa als Arbeitslose*r, Prostituierte*r, Behinderte*r etc.), wird das Subjekt insofern zum Produkt, dass seine singuläre Uneinigkeit mit Zuschreibungen wie auch einem Selbst negiert wird: Sein sozialer Status wird ontologisiert. Gegen die essentialisierenden Missverständnisse des *performative turn*, aber ebenso gegen die Verteidiger eines Identifikationstheaters, für das jede Thematisierung der Darstellung hinter dem Dargestellten eine selbstbezügliche Nabelschau ausmacht, ist der politische Charakter derjenigen Theaterformen hochzuhalten, die ein Selbst als kontingentes und immer neu stillgestelltes verhandeln. Die Gefahr von Festlegungen auf spezifische Erscheinungsbilder

24 Juliane Rebentisch: Identität und Potentialität. Überlegungen zum Verhältnis von Spiel und Wirklichkeit. In: *Theater der Zeit*, 06/2013, S. 26–29, hier S. 29. Meine Ausführungen ähneln tendenziell denen Rebentischs, welche allerdings einen noch intentionalen und souveränen Charakter dieser Differenz hochhält (v. a. ebd., S. 28).

25 Ebd., S. 29.

26 Vgl. Oliver Marchart: *Die politische Differenz. Zum Denken des Politischen bei Nancy, Lefort, Badiou, Laclau und Agamben.* Frankfurt am Main: Suhrkamp 2010, S. 350–361.

aufzuzeigen und gleichzeitig deren Veränderbarkeit wie immer wieder neue Festlegung zu thematisieren, wäre die entscheidende ästhetisch-politische Volte, mit der sich im Theater mittels der Ähnlichkeiten zu gegenwärtigen Arbeitsformen diese wiederum verhandeln ließen. Wenn nämlich ein Selbst als ein kontingentes, zugleich immer wieder neu in dieser Kontingenz stillgestelltes gezeigt wird, setzt sich eine Verhandlung über diejenigen Normierungen in Gang, die dieses Subjekt formen, d.h. immer wieder Wandelbarkeit und temporäre Festlegung einfordern. Die Differenzhaltung verhandelt insofern zwischen den zwei Polen Kontingenz und Stillstellung und ist nicht zu verwechseln mit einer Zurschaustellung und Verwertung von Diversität.[27]

5) Zwei Folgerungen

A) Für die Theorie folgt daraus, dass Abstand zu nehmen ist von der pauschalen Verdammung künstlerischer Arbeit, ohne in Beschönigungen und Behauptung einer radikalen Opposition zu den Verhältnissen zu verfallen. Aus der Differenzhaltung resultiert keine absolute Befreiung von Zwängen, sondern die Möglichkeit, diese auszustellen. Gemeint ist kein Stadium jenseits der Entfremdung, auch keine höhere Position der Erkenntnis, von der aus sich ein bestimmter unfreier Zustand überwinden oder aufheben ließe. Den hier angesprochenen Schwierigkeiten ist durch keine positivierbaren Patentlösungen zu begegnen. Weder gibt es nicht-entfremdete Arbeit, noch helfen radikal behauptete Gegenentwürfe wie z.B. der eines „Theater[s] einer ‚wilde[n] Anomalie': des Lebens"[28]. Eine solche Gegenüberstellung von Arbeit/Entfremdung und Freiheit/Ursprünglichkeit/Leben ähnelt der wenig überzeugenden Ausflucht, die bereits Michael Hardt und Antonio Negri in ihrem globalisierungskritischen Bestseller *Empire* gewählt haben: Anstelle eines einzelnen souveränen Subjekts

27 Diese Differenzhaltung findet sich je verschieden z.B. in Inszenierungen von Antonia Baer, Laurent Chétouane, Dimiter Gottscheff, Xavier LeRoy und Ivana Mueller, von jüngeren Künstler*innen wie Daniel Schauf / Philipp Scholtysik, kainkollektiv oder Susanne Zaun und bei Margit Bendokat, Wolfram Koch oder Devid Striesow.

28 So teilweise Alexander Karschnia, der ansonsten in eine ähnliche Richtung wie ich argumentiert. Alexander Karschnia: Postperformerism as a Way of Life: Das Theater der Produktion des Lebens. In: Jan Deck / Angelika Sieburg (Hrsg.): *Politisch Theater machen. Neue Artikulationsformen des Politischen in den darstellenden Künsten.* Bielefeld: Transcript 2011, S.85–106, hier S.106.

wird eine andere positivierte Figur behauptet, das Metasubjekt der Multitude.[29]

Dieses Missverständnis, der Entfremdung letztlich wieder eine Erscheinung eines unverstellten Lebens entgegenzusetzen, ist vor allem deshalb für das Theater symptomatisch, weil sich immer wieder der Versuch beobachten lässt, Entfremdungen und damit Darstellung überwinden zu wollen. Daraus speist sich das Phantasma, einen Durchbruch zum Realen schaffen zu können, echt/authentisch zu sein, um dann jedoch von der unhintergehbaren Verfangenheit in Darstellungsdispositive eingeholt zu werden.[30] Es gibt keinen Zustand außerhalb der Repräsentation, auch nicht dort, wo emphatisch Einmaligkeit, Ereignishaftigkeit und Unmittelbarkeit behauptet werden.[31] ‚Leben' oder ‚Kunst' fungieren in solchen emphatischen Entwürfen zwar als Gegenfiguren zur Entfremdung und allen Zweckrationalitäten, bleiben als definitorische Größen aber auf die Arbeit verwiesen.[32] Wenn die Trennlinie Arbeit – Leben nicht mehr scharf gezogen werden kann, so gilt dieses Problem erst Recht für die Versuche der Überwindung von Entfremdung.

B) Für die konkreten Arbeitsbedingungen von Künstler*innen wäre es fatal, auf eine Veränderung selbiger und der real existierenden (Selbst-)Ausbeutung allein mittels einer ästhetischen Praxis zu spekulieren. Den Postfordismus kennzeichnet die doppelte Tendenz von Individuation/Personifizierung und vereinheitlichender Vergesellschaftung.[33] Dieser „Kommunismus des Kapitals" stützt sich „gleichermaßen auf den *general intellect* wie auf die Multitude" und überformt „auf seine Weise spezifische Formen des Kommunismus (Abschaffung der Arbeit, Absterben des Staates etc.)".[34] Da sich in ihm jede Ausdrucksform prinzipiell zu einem Produkt wandeln kann und da die gegenwärtigen Künste immer auch von institutionellen und diskursiven Rahmungen eingeordnet sind oder nachträglich von

29 Michael Hardt / Antonio Negri: *Empire. Die neue Weltordnung*. Frankfurt am Main: Campus 2003, S. 400–420, hier speziell S. 412–413, 417, 420.

30 Vgl. André Eiermann: *Postspektakuläres Theater. Die Alterität der Aufführung und die Entgrenzung der Künste*. Bielefeld: Transcript 2009.

31 Vgl. Jacques Derrida: Das Theater der Grausamkeit und die Geschlossenheit der Repräsentation. In: Ders.: *Die Schrift und die Differenz*. Frankfurt am Main: Suhrkamp 1972, S. 351–379.

32 Schäfer: *Die Gewalt der Muße*, S. 134–149.

33 Virno: *Grammatik der Multitude*, S. 122.

34 Ebd., S. 130.

diesen eingeholt werden, besteht strukturell immer die Gefahr, dem kritisierten Zustand des totalisierten Kapitalismus eine weitere Volte oder eine neue Ware zuzuführen. Die Behauptung einer in der Kunst verwirklichten neuen sozialen Realität würde dort eine Utopie einlösen, wo sie problemlos umgesetzt werden kann, ohne ihre Erfüllung dort einzufordern, wo sie nötig wäre, i. e. im gesellschaftlichen ‚Außen' der Kunstsphäre.

Im Sinne einer Art neuer gewerkschaftlicher Verständigung ist es notwendig, eine Behauptung *gegen* folgende Überzeugungen zu setzen, um überhaupt Ziele formulieren zu können: *gegen* die Vorstellung eines autonomen und souveränen Subjekts, *gegen* eine Ästhetik, die auf Abgeschlossenheit und Spiegelung jenes autonomen Subjekts baut, und schließlich *gegen* disziplinarische wie neoliberale Institutionen. Letzterer Anspruch ist über die Auseinandersetzung um Arbeitsstrukturen jenseits prekärer Kurzzeitverträge anzugehen. Dabei pendelt der auszufechtende Kampf zwischen zielloser Aussetzung/Streik sowie der Neuverhandlung und konstituierenden Schließung.[35] Um das Feld nicht dem neoliberalen Management oder der kulturkonservativen Reaktion zu überlassen, sind strategische Forderungen zu formulieren, wie sie etwa Diedrich Diederichsen angeregt hat und von denen ich die zwei wichtigsten aufgreife, die mit dem hier Erörterten korrespondieren: „[d]ie Wieder-Versachlichung der personalisierten Techniken", worauf die Differenzhaltung verweist, und „das Verfügen über Rückzugsmöglichkeiten, die nicht vom Zwang zur Reproduktion aufgefressen werden".[36] Bei Letzterem ziele ich v. a. auf den nicht vom unmittelbaren Zwang zur Aufführung heimgesuchten Teil von Probenarbeit, das überschüssige Ausprobieren, das auch materialiter auf Räume und Zeiten angewiesen ist.

6) Ein Plädoyer für die Probe

Theaterarbeit ist heute zunächst deshalb Arbeit, weil sie all jene die Gesellschaft durchziehenden Normierungen explizit wie implizit in sich trägt und nicht das Kontrast-, sondern das Konkordanzmodell zur sonstigen Arbeit in der Moderne bildet. So kann Theater aber im

35 Vgl. zur Theorie des Streiks als Aussetzung der Setzungen und seiner ‚Bastardisierung' mit der Forderung Werner Hamacher: Afformativ, Streik. In: Christiaan L. Hart Nibbrig (Hrsg.): *Was heißt „Darstellen"?* Frankfurt am Main: Suhrkamp 1994, S. 340–371.

36 Diedrich Diederichsen: Kreative Arbeit und Selbstverwirklichung. In: Menke / Rebentisch (Hrsg.): *Kreation und Depression*, S. 118–128, hier S. 127–128.

Verweis auf diese normierenden und fixierten Strukturen auch deren potenzielle Änderbarkeit thematisieren, nämlich indem (wie in der Literatur auch) ihre „im Modus des ‚Als-ob' eingeklammerte Figuration als außerhalb ihrer internen Ordnung mögliche Ordnung"[37] gezeigt wird, wobei Theater die spezifische Pointe ausspielen kann, künstlerische Arbeit als Verwebung ästhetischer Autonomie und sozialer Relationen offenzulegen.[38]

Proben zeichnen sich durch eine Doppelung aus: zum einen durch die verschiedenen normierenden Dispositive der Theaterarbeit, durch materielle Beschränkungen, zeitliche Rahmen und Schematismen. Zu dieser traditionellen Sicht[39] auf die Probe stellt sich aber andererseits der Charakter der Offenheit und des Nicht-Wissens.[40] Die Probe ist ein „komplexes Arbeitsszenario, das sich zwischen Planung und einem Moment des Geschehenlassens bewegt"[41] und ein „Spannungsfeld zwischen Offenheit und Fixieren"[42] bedeutet. Der Charakter der Probe ähnelt postfordistischen Arbeitstechniken zwar in ihrem Herauskitzeln von und ihrem Umgang mit Unwägbarkeiten und Kontingenz, beide müssen hier aber nicht zugunsten eines Produktes wieder gänzlich stillgestellt, sondern können in ihrem offenen Charakter in das ästhetische Geschehen aufgenommen werden. Die künstlerische Probe besitzt eine Qualität, die in fertig gestellten (immateriellen) Waren verdeckt wird: Weil jede Probe Reste entstehen lässt, die auf dasjenige deuten, das nicht in einem als geschlossen behaupteten Produkt aufgeht, und weil die Probe zugleich bedeutet, mit all jenen Faktoren der schon bestehenden Normierungen umzugehen, ist Proben immer anders als die Aufführung, die Performanz und die Behauptung von Geschlossenheit.[43] Wenn die Spaltung in

37 Schäfer: *Die Gewalt der Muße*, S. 148.

38 Shannon Jackson: *Social Works. Performing Art, Supporting Publics.* New York: Routledge 2011, S. 60.

39 Vgl. Proben. In: Manfred Brauneck / Gérard Schneilin (Hrsg.): *Theaterlexikon*, Bd. 1: Begriffe und Epochen. Bühnen und Ensembles. Reinbek: Rowohlt 2001, S. 805–806.

40 Annemarie Matzke: *Arbeit am Theater. Eine Diskursgeschichte der Probe.* Bielefeld: Transcript 2012, S. 281–289.

41 Ebd., S. 236.

42 Ebd., S. 216–217.

43 Matzkes Studie, der ich als „Blick aus dem Theater heraus" (ebd., S. 116) wesentliche Impulse verdanke, fußt entgegen ihres auf Offenheit plädierenden Fazits jedoch auf einem Aufführungsbegriff, welcher als Leistung (i. e. Performanz) des Theaters und damit wieder als eine Schließung behauptet wird.

Schauspieler*innen und Performer*innen insofern überholt ist, so wäre mit Blick auf die Probe eine neue Begrifflichkeit einzuführen, die aber ihrerseits bloß nicht zu neuer Ideologie und Oppositionsbildung erstarren sollte. Wird Arbeit im Sinne von Performanz von ihrem Ergebnis oder Produkt her gedacht (materiell wie immateriell), so wäre die offene Arbeit von Probenden im Sinne der Differenzhaltung eher ein kontinuierliches Versuchen: Von Möglichkeiten und Positionen, dabei zugleich davon, den eigenen Grundlagen den Boden zu entziehen – und dabei trotzdem notwendigerweise Setzungen machen zu müssen (denn sonst würde ja gar nichts geschehen, was auch eine Setzung wäre).

Vielleicht hat all das wieder mit dem revolutionären Potential von Arbeiter*innen im Sinne Marx' zu tun, zumindest wenn man Marx entgegen der teleologischen Komponente der dialektischen Aufhebung liest. Der junge Marx beschreibt in *Zur Kritik der Hegelschen Rechtsphilosophie. Einleitung* die *positive* Möglichkeit der Emanzipation vermittels einer wohlbekannten Figur – allerdings einer negativen, was oftmals übersehen wird: Das Proletariat ist demnach eine „Klasse der bürgerlichen Gesellschaft, welche keine Klasse der bürgerlichen Gesellschaft" und damit die „Auflösung der Gesellschaft als ein besonderer Stand" ist.[44] Das Proletariat konstituiert sich und löst zugleich die Grundlage seiner Konstitution auf – oder entzieht sich der Konstitution.

Die Doppelung von Öffnung und Schließung, Setzung und Auflösung betrifft neben dem Subjekt der Arbeiter*innen und Institutionen insbesondere die Ebene der Ästhetik in ihren je stärker praktischen wie theoretischen Ausführungen: Um überhaupt in Verhandlung treten zu können über ein Aussetzen, über Offenheit und eine Haltung der Differenz, bedarf es einer Behauptung, einer (künstlerischen) Setzung, die dann aber erst interessant wird, wo sie ihre eigenen Grundlagen ins Wanken bringt und zu demjenigen hin öffnet, was eigentlich ausgeschlossen bleibt. Diese Öffnung zu einem Anderen als dem Eigenen und Identischen wäre auf die starre Unterscheidung von Theorie und Praxis rückzubeziehen – dem vielleicht letzten und hartnäckigsten Residuum einer Spaltung in freie/unfreie,

44 Karl Marx: Zur Kritik der Hegelschen Rechtsphilosophie. Einleitung (1843/44). In: *MEW*, Bd. 1. Berlin: Dietz 1983, S. 378–391, hier S. 390–391. Für den Hinweis danke ich Nikolaus Müller-Schöll.

komplexe/pragmatische, immaterielle/materielle, interpretierende/erschaffende, nachvollziehende/handelnde Arbeit. Anstatt dann weiter klar getrennten (Arbeits-)Verhältnissen nachzutrauern und dafür starke Vereinfachungen und Dichotomien in Kauf zu nehmen, könnte man mit Blick auf die ganz und gar nicht verschwundenen Formen von Ausbeutung fragen, wo ein Anderes als Arbeit und das Andere der Arbeit zu neuen Forderungen und Setzungen führen könnten: Grundeinkommen, Weltbürgerschaft, das je singuläre Recht auf Unversehrtheit, Selbstdifferenz – um nur ein paar dieser Forderungen zu nennen, die von manchen Theaterschaffenden *auch erprobt* werden.

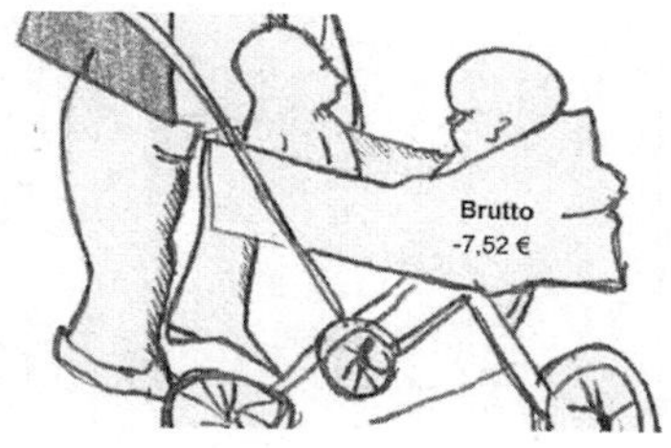
Brutto
-7,52 €

Swoosh Lieu

Bewerbung als Schreibarbeiterin

SWOOSH LIEU_Nebulosa.pdf (Seite 1 von 5)

Swoosh Lieu Metzstrasse 11 60487 Frankfurt swooshlieu@gmail.com www.swooshlieu.com

Bewerbung als Schreibarbeiterin

SWOOSH LIEU
Johanna Castell, Katharina Kellermann, Juliane Kremberg, Rosa Wernecke

swooshlieu@gmail.com
www.swooshlieu.com

Nebulosa- Zeitschrift für Sichtbarkeit und Sozialität
z. Hd. Eva Holling, Matthias Naumann, Frank Schlöffel
nebulosa@neofelis-verlag.de

Frankfurt am Main, 31.12. 2013

Betreff: Bewerbung als Schreibarbeiterin

Sehr geehrtes Nebulosa-Team,

wir, die Kulturproduzentinnen und Theaterarbeiterinnen von SWOOSH LIEU, beschäftigen uns vor allem mit dem Verhältnis von Kunst und Arbeit im Kontext des Theaters. Als begeisterte Leserinnen der Zeitschrift Nebulosa sowie den Publikationen des Neofelis-Verlag bewerben wir uns hiermit um die von Ihnen ausgeschriebene Stelle als Schreibarbeiterin, um im Rahmen eines Beitrages unsere eigene künstlerische Praxis als **Arbeit am, mit und auf dem Theater** zu reflektieren und zu diskutieren.

„Lasst den Zuschauer gewahren, dass ihr nicht zaubert, sondern arbeitet, Freunde.“
(Bertolt Brecht)

Everything but solo.jpg

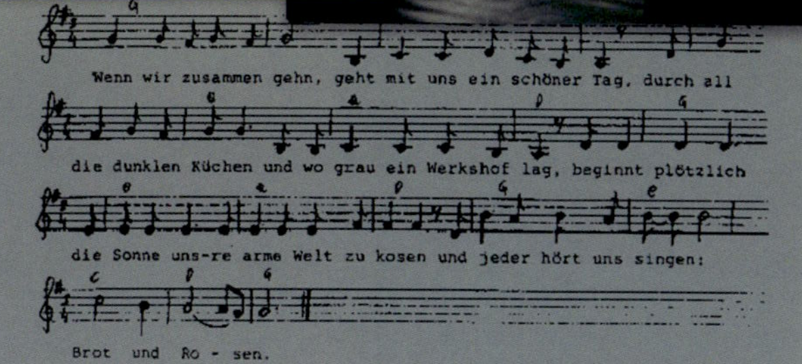

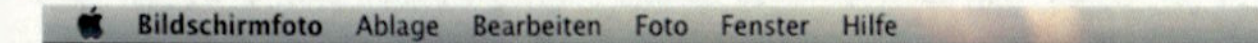

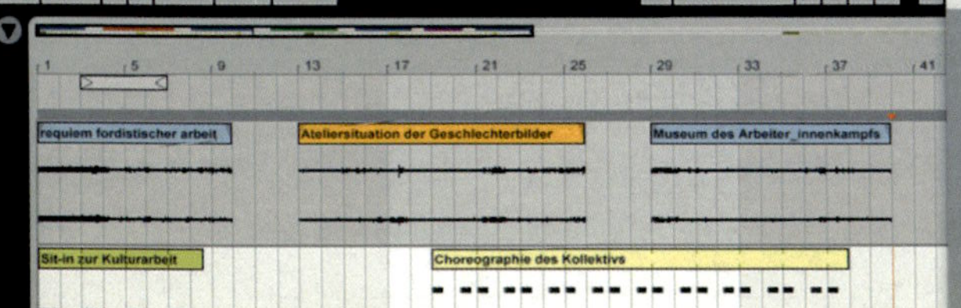

Der Arbeiter ist außer der Arbeit bei sich und in der Arbeit außer sich. Zu Hause ist er, wenn er nicht arbeitet und, und wenn er arbeitet ist er nicht zu Haus.

(Karl Marx)

SWOOSH LIEU_Nebulosa.pdf (Seite 2 von 5)

Wir möchten einen Text zwischen Kunst und Handwerk produzieren und verstehen uns für dieses Projekt als Schreibarbeiterinnen im Brechtschen Sinne. Im Kontext Ihrer Publikation werden wir ohne geregelten Arbeitszeiten und bei geringer bzw. keiner Bezahlung die Begriffe, die wird sonst künstlerisch untersuchen, schriftlich in Szene setzen: Kunstfabrik, Arbeitsgeschlecht, Arbeitskunst, Fließbandkunst, Geschlechtsfabrik, Erwerbsreproduktion, Kunstreproduktion, Reproduktionsarbeit,

1

Swoosh Lieu Metzstrasse 11 60487 Frankfurt swooshlieu@gmail.com www.swooshlieu.com

Bewerbung als Schreibarbeiterin

Geschlechtshandwerk, Arbeitsmaschine, Geschlechtsmaschine, Industriekultur und Kulturindustrie, Kunstfabrik und Fabrikkunst, Arbeitsmaschine und Maschinenarbeit, Reproduktionsarbeit und Arbeitsreproduktion. Wie auch in unserer künstlerischen Arbeit wird es uns in diesem Beitrag um die (schriftliche) Sichtbarmachung von Arbeit gehen.

Die Praxis unseres Kollektivs zeichnet sich durch ein permanentes Oszillieren

streikpostkarte.jpg

everything but solo.jpg

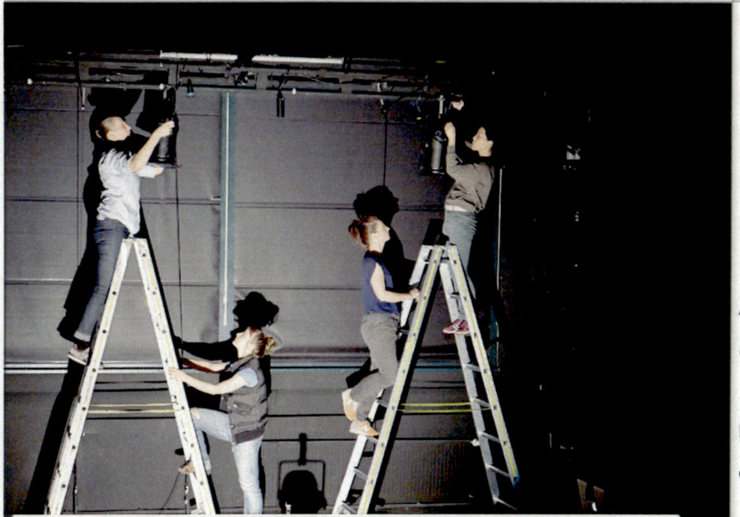

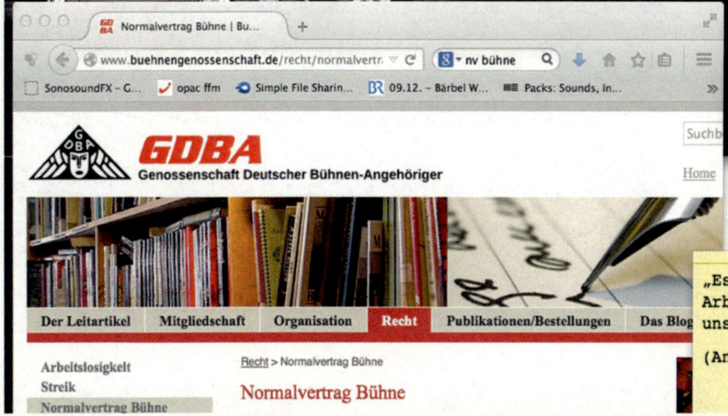
Normalvertrag Bühne | Bu...
www.buehnengenossenschaft.de/recht/normalvertr.
nv bühne
SonosoundFX - G... opac ffm Simple File Sharin... 09.12. - Bärbel W... Packs: Sounds, In...
GDBA
Genossenschaft Deutscher Bühnen-Angehöriger
Home
Der Leitartikel
Mitgliedschaft
Organisation
Recht
Publikationen/Bestellungen
Das Blog
Arbeitslosigkeit
Streik
Normalvertrag Bühne
Recht > Normalvertrag Bühne
Normalvertrag Bühne

SWOOSH LIEU_Nebulosa.pdf (Seite 2 von 5)

die genderspezifische Aspekte des Arbeitsbegriffs, das Verhältnis materieller und immaterieller, produktiver und unproduktiver, individueller und kollektiver Arbeit ausloten. Wir problematisieren prekäre Arbeitsbedingungen und hinterfragen die Figur des KünstlERs als Vorbild neoliberaler Selbstausbeutung. Als Teil einer neuen kreativen Klasse möchten wir mit unserem Beitrag für Nebulosa Kreativität als Imperativ der Arbeitsgesellschaft untersuchen. So interessieren uns die Nähe von Begrifflichkeiten der Arbeitswelt zum Theater - **virtuelle, immaterielle, affektive Arbeit, Virtuosität und Improvisation, unternehmerisches Selbst und Projektarbeit** - als Folie für eine Kritik an der Institution des Theaters selbst.

Das Themenfeld Arbeit und die Reflexion dessen im Kontext des Theaters durchziehen unsere künstlerische Praxis.:So wurden in unserer Produktion **„Everything but Solo"**(Premiere November 2012) vier Tänzerinnen von der bühnentechnische Apparatur der Blackbox choreographiert und damit die Prozesse der Aufführung - sowie solche die ihr vorausgehen und folgen - als permanenter Work in Progress reflektiert. In unserer Arbeit **„The Factory – eine Besetzungsprobe"** (Premiere September 2013, eingeladen zur Tanzplattform Deutschland 2014) untersuchten wir die Fabrik als Ort fordistischer wie künstlerischer Produktion und

„Es scheint in der Theaterbautheorie weniger darum zu gehen, einen Raum für die Arbeit zu schaffen, als vielmehr ein Gebäude zu konstruieren, das die Arbeit unsichtbar macht."

(Annemarie Matzke)

Bildschirmfoto Ablage Bearbeiten Foto Fenster Hilfe Sa. 19:46:07 ka

stages of work.jpg

SWOOSH LIEU_Nebulosa.pdf (Seite 3 von 5)

thematisieren gleichermaßen die Bedingung von Arbeiter_innen und die Grundlagen für das Arbeiten in der freien Theaterszene. 2014 folgt mit **„Stages of Work. Ein offener Umbau"** eine Performance, die sich der Arbeit hinter den Kulissen widmet.

Im Laufe unserer Zusammenarbeit als kollektiv organisierte GBR eigneten wir uns wesentliche Kenntnisse im solidarisch-künstlerischen Produktionsprozess an sowie die fachliche Kompetenz, Performance als Arbeit an und mit den Mitteln des Theaters selbst zu begreifen und entsprechende Projekte zu realisieren. Eine kontinuierliche Auseinandersetzung mit künstlerischer Arbeit im Kontext historischer Arbeitsbilder sowie mit der Sichtbarmachung von Arbeit während der tatsächlichen Aufführung durch unsere spezifische Performance, die stets zwischen darstellen und arbeiten changiert, sind darüber hinaus ebenfalls Grundpfeiler unseres Selbstverständnisses als feministisches Performance- und Medienkunstkollektiv.

Angesichts unserer bisherigen Arbeitserfahrungen und aufgrund des Status Quo der beruflichen Entwicklung unseres Kollektivs erscheint uns eine Schreib-Tätigkeit für Nebulosa unserer weiteren Professionalisierung wie der Vertiefung unserer Interessensfelder sehr dienlich. Wir sind der Meinung, dass sich die für unsere Arbeitsweise konstitutive Schnittstelle von künstlerischer Praxis und deren wissenschaftlicher Reflexion im Sinne Ihres Call for Papers als für beide Seiten produktiv herausstellen kann. Nicht zuletzt aufgrund unserer kreativen und progressiven Art, unserer Team- und Kommunikationsfähigkeit und unserer

Wem gehören die Produktionsmittel?

Welche Rolle spielen wir?

Wann ist Schluss?

Wer ist Teil vom Kollektiv?

Wer übernimmt die Haftung?

Was produziert das Theater?

Wer arbeitet warum?

Was ist Arbeit?

Ist das Theater eine Fabrik?

Wer zeigt sich solidarisch?

Wer hat Häuser?

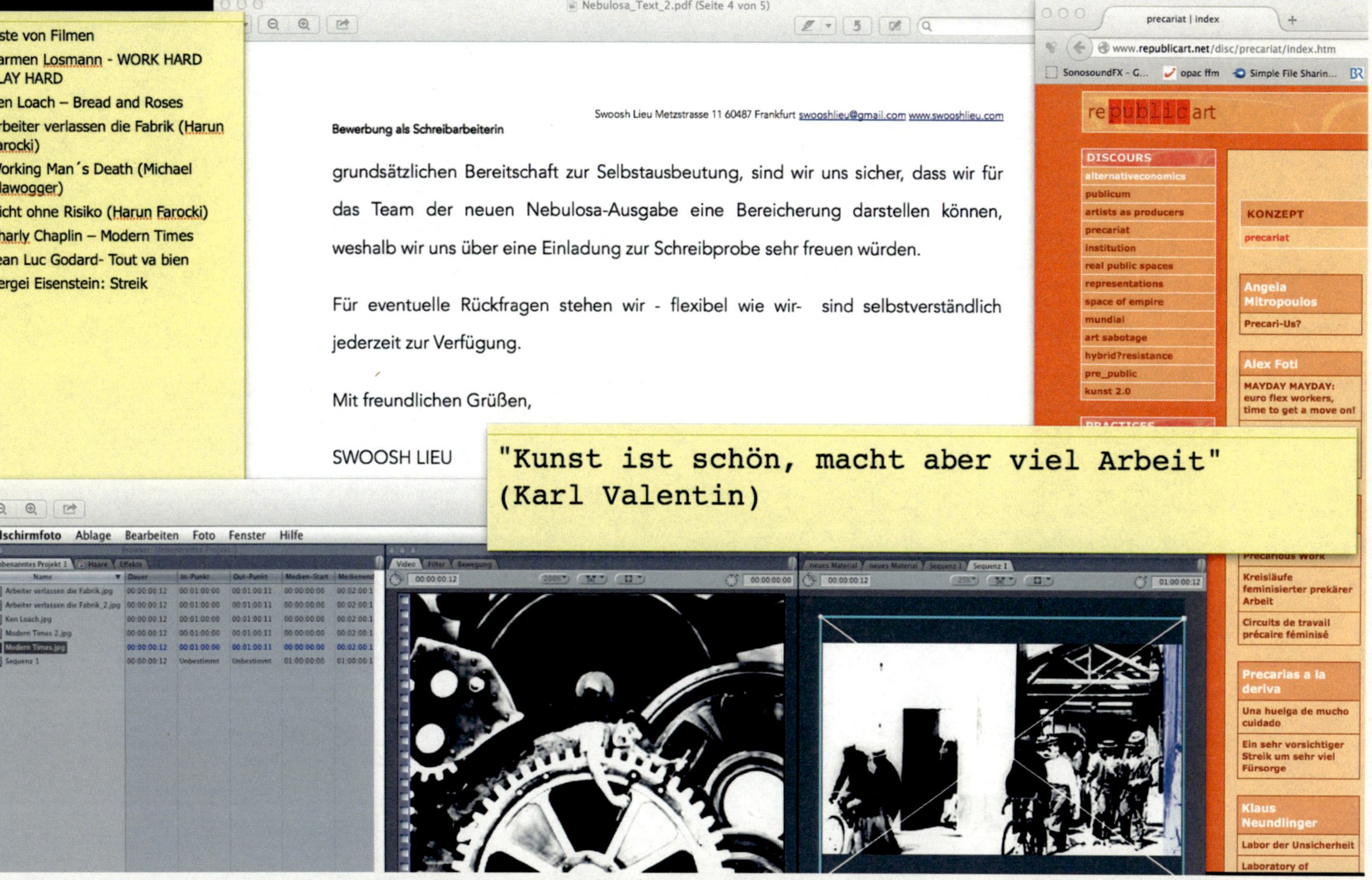
Liste von Filmen
Carmen Losmann - WORK HARD PLAY HARD
Ken Loach – Bread and Roses
Arbeiter verlassen die Fabrik (Harun Farocki)
Working Man´s Death (Michael Glawogger)
Nicht ohne Risiko (Harun Farocki)
Charly Chaplin – Modern Times
Jean Luc Godard- Tout va bien
Sergei Eisenstein: Streik
Nebulosa_Text_2.pdf (Seite 4 von 5)
Swoosh Lieu Metzstrasse 11 60487 Frankfurt swooshlieu@gmail.com www.swooshlieu.com
Bewerbung als Schreibarbeiterin
grundsätzlichen Bereitschaft zur Selbstausbeutung, sind wir uns sicher, dass wir für das Team der neuen Nebulosa-Ausgabe eine Bereicherung darstellen können, weshalb wir uns über eine Einladung zur Schreibprobe sehr freuen würden.
Für eventuelle Rückfragen stehen wir - flexibel wie wir- sind selbstverständlich jederzeit zur Verfügung.
Mit freundlichen Grüßen,
SWOOSH LIEU
"Kunst ist schön, macht aber viel Arbeit"
(Karl Valentin)
precariat | index
www.republicart.net/disc/precariat/index.htm
republicart
DISCOURS
alternativeconomics
publicum
artists as producers
precariat
institution
real public spaces
representations
space of empire
mundial
art sabotage
hybrid?resistance
pre_public
kunst 2.0
KONZEPT
precariat
Angela Mitropoulos
Precari-Us?
Alex Foti
MAYDAY MAYDAY: euro flex workers, time to get a move on!
Kreisläufe feminisierter prekärer Arbeit
Circuits de travail précaire féminisé
Precarias a la deriva
Una huelga de mucho cuidado
Ein sehr vorsichtiger Streik um sehr viel Fürsorge
Klaus Neundlinger
Labor der Unsicherheit
Laboratory of
Bildschirmfoto
Ablage
Bearbeiten
Foto
Fenster
Hilfe

We are the 99%

Zum Selbstbild der deutschen und amerikanischen Arbeiterbewegung in der Mitte des 19. Jahrhunderts

Philipp Reick

Als die *Occupy*-Bewegung im Herbst 2011 die vielbeschworene Renaissance des sozialen Protests einläutete, wurde deren unvorhergesehener Erfolg gerade an der Universalität der Bewegung festgemacht. Gleichzeitig wurde jene Universalität jedoch von Anfang an als Ausdruck der Unbestimmtheit bemängelt. Die Kritik richtete sich dabei vor allem auf den immanenten Anspruch auf Ganzheit, der sich in allgegenwärtigen Slogans wie „We are the 99%" ausdrückte.[1] Besagte 99 Prozent verstanden sich explizit nicht als *Klasse für sich* im Sinne einer Bewegung von Lohnarbeiterinnen und Lohnarbeitern, sondern als Volksbewegung der Entmachteten, Entrechteten und Marginalisierten. Das Konzept der ausgebeuteten Arbeit, so schien es, hatte sowohl als Erklärungsansatz für die eigene soziale Lage wie auch als einendes Moment für kollektiven Protest nach mehr als eineinhalb Jahrhunderten ausgedient.

Eingedenk dieser Zäsur lohnt der Blick an den Anfang jener Zeit, als sich in den aufsteigenden industriellen Zentren Westeuropas und Nordamerikas eine Arbeiterschaft konstituierte, die sich zunächst nach Kräften gegen die Lebensrealität der Lohnarbeit wehrte.

1 Vgl. David Graeber: Occupy Wall Street Rediscovers the Radical Imagination. In: *The Guardian*, 25.11.2011. http://www.theguardian.com/commentisfree/cifamerica/2011/sep/25/occupy-wall-street-protest (Zugriff am 13.04.2014); Gerhard Hanloser: Secessio und Occupy. Zwei Plebejische Sozialbewegungen vor dem Hintergrund gigantischer Volksverschuldung und immerwährenden Krieges. In: *Grundrisse* 43 (2012). http://www.grundrisse.net/grundrisse43/Secessio_und_Occupy.htm (Zugriff am 15.04.2014); Doug Henwood: The Occupy Wall Street Non-Agenda. In: *LBO News from Doug Henwood*, 29.11.2011. http://lbo-news.com/2011/09/29/the-occupy-wall-street-non-agenda/ (Zugriff am 13.04.2014); Oliver Nachtwey / Fabienne Décieux: Wer sind die 99%? Zum Profil der Occupy-Bewegung. In: *Gegenblende. Das gewerkschaftliche Debattenmagazin*, 13.10.2013. http://www.gegenblende.de/++co++9aea3d58-34e9-11e3-91f0-52540066f352 (Zugriff 02.05.2014); ausführlicher in Ulrich Brinkmann / Oliver Nachtwey / Fabienne Décieux: *Wer sind die 99%?* OBS-Arbeitspapier. Frankfurt am Main: Otto-Brenner-Stiftung 2013.

Einerseits kämpften die sich als Produzenten verstehenden Gesellen und Meister gegen betriebliche Zentralisierung, da dies mit Autonomie- und Kontrollverlusten einherging. Andererseits stand gerade in der Frühphase der Bewegung das Konzept der Lohnarbeit in einem Spannungsverhältnis zum universellen Vertretungsanspruch einer radikal-demokratischen Politik. Dieser Beitrag untersucht anhand der historischen Deutungsansätze der jungen deutschen und amerikanischen Arbeiterbewegung der 1860er Jahre, welche politischen Hoffnungen und kollektiven Widerstände der Begriff der Lohnarbeit weckte. Damit knüpft er an gegenwärtige Neuinterpretationen der frühen Arbeiterbewegungen an, die den Blick schärfen für den „Typenreichtum potenzieller Klassenverhältnisse“[2] im historischen wie aktuellen Kapitalismus.

Die zweite Hälfte der 1860er Jahre markieren eine Zeit des Aufschwungs in der Geschichte der Arbeiterbewegungen Nordamerikas und Westeuropas. Der amerikanische Bürgerkrieg hatte die bestehenden Arbeitervereine und Gewerkschaften personell enorm ausgedünnt. Dieser Umstand konnte zwar das Aufflackern lokaler Lohnbewegungen und wilder Streiks während des Krieges nicht verhindern, koordinierte politische Kampagnen oder überregionale Zusammenarbeit waren in der ersten Hälfte des Jahrzehnts jedoch weitgehend ausgeblieben. Der endgültige Sieg der Unionsstaaten im Jahre 1865 läutete für die amerikanische Arbeiterbewegung daher eine Zeit ungeahnten Wachstums ein. Binnen weniger Monate entstand ein vielstimmiges Konzert von Arbeiterinnen- und Arbeitervereinen, Gewerkschaften, Reformbewegungen, sozialistischer Immigrantengruppen, sozialdemokratischer Splitterparteien und lokaler wie bundesweiter Eight Hour Leagues, die sich für die Verkürzung des Normalarbeitstages einsetzten. Bereits ein Jahr nach dem offiziellen Ende des Krieges liefen diese unterschiedlichen Bemühungen in der Gründung der National Labor Union (NLU) zusammen, die erstmals eine bundesweite Interessensvertretung amerikanischer Arbeiterinnen und Arbeiter schuf.[3]

2 Thomas Welskopp: *Das Banner der Brüderlichkeit. Die deutsche Sozialdemokratie vom Vormärz bis zum Sozialistengesetz*. Bonn: Dietz 2000, S. 743.

3 Vgl. Phillip S. Foner: *History of the Labor Movement in the United States*, Bd. 1: From Colonial Times to the Founding of the American Federation of Labor. New York: International Publishers 1947, S. 370–388; David Montgomery: *Beyond Equality. Labor and the Radical Republicans, 1862–1872*. New York: Knopf 1967, S. 90–101, 176–185; Howard Zinn: *A People's History of the United States*. New York: Harper Collins 2003, S. 240–242.

Auf der anderen Seite des Atlantiks verlief die Konstituierung der Bewegung nicht weniger dynamisch. In Preußen hatten fast eineinhalb Jahrzehnte politischer Repression die Ansätze einer unabhängigen Arbeiterbewegung, die aus der demokratischen Tradition von 1848 schöpfte, weitgehend zerstört. Lediglich die Arbeiterbildungsvereine, die weitgehend unter liberaler Kontrolle und Führung standen, hatten die Reaktionsjahre der 1850er überlebt. Zu Beginn des neuen Jahrzehnts wies dieser Führungsanspruch jedoch vermehrt Brüche auf, die in Preußen besonders von Ferdinand Lassalles 1863 gegründetem Allgemeinen Deutschen Arbeiterverein (ADAV) gefüllt wurden. In dessen Gründungsgebiet in Sachsen, aber auch in weiten Teilen Süd- und Westdeutschlands, musste sich der ADAV mitunter dem zeitgleich entstandenen Vereinstag Deutscher Arbeitervereine (VDAV) unterordnen, der unter Führung August Bebels im Laufe des Jahrzehnts einen immer deutlicher sozialdemokratischen Charakter annahm. Diese zweite Strömung der deutschen sozialdemokratischen Arbeiterbewegung mündete 1869 in die Gründung der Sozialdemokratischen Arbeiterpartei (SDAP).[4]

In den Vereinigten Staaten wie auch in Deutschland stärkte diese Phase der Wiederbelebung und des Wachstums das Bedürfnis nach Hervorhebung der eigenen gesellschaftlichen Relevanz. Hier wie dort zogen organisierte Arbeiterinnen und Arbeiter den Schluss, dass die eigene Bewegung die überwältigende Mehrheit der Bevölkerung repräsentiere, ja überhaupt mit dem Volk deckungsgleich sei. In Preußen kam der Bewegung dabei das zeitgleiche Aufblühen sozialistischer Theorien entscheidend zugute. Die marxistische und lassalleanische Interpretation des Kapitalismus gingen gleichermaßen von einer zunehmenden Konzentration der Produktionsmittel in den Händen einer kleinen Elite aus, was einer stetig anwachsenden Klasse von Lohnarbeiterinnen und Lohnarbeitern auf der anderen Seite entsprach. Sobald letztere sich ihrer gesellschaftlichen Lage bewusst würden, sei die Herrschaft der politischen und ökonomischen Elite

4 Für klassische Interpretationen der frühen deutschen Arbeiterbewegung siehe etwa Helga Grebing: *Arbeiterbewegung. Sozialer Protest und kollektive Interessenvertretung bis 1914*. München: dtv 1985; Shlomo Na'aman: *Die Konstituierung der deutschen Arbeiterbewegung 1862/1863. Darstellung und Dokumentation*, unter Mitw. v. H.-P. Harstick. Assen: Van Gorcum 1975. Für zwei umfassende und z.T. konkurrierende Neuinterpretationen siehe Toni Offermann: *Die erste deutsche Arbeiterpartei. Materialien zur Organisation, Verbreitung und Sozialstruktur von ADAV und LADAV, 1863–1871*. Bonn: Dietz 2002; Welskopp: *Banner*.

gebrochen. Der Berliner *Social-Demokrat*, das Organ der Lassalleaner in Preußen, brachte diese Formel auf den Punkt, indem er die Arbeiterklasse als jene Mehrheit von Personen interpretierte, die durch ihre „gleichartige thatsächliche Stellung in der Gesellschaft gleiche Interessen haben und daher auch, bei zunehmender Erkenntnis ihrer Lage, immermehr von gleichem, einheitlichem Geiste beseelt werden."[5] So konnte die Zeitung ihren Lesern dann auch zurufen: „Eure Interessen sind die wahren Interessen des Staates und der Gesellschaft!"[6] Diese Auffassung deckte sich mit US-amerikanischen Überzeugungen. Im Amerika der 1860er Jahre war die Kritik an Monopolen, die zunehmend die Kontrolle über Arbeit, Verkehr, Land und Geld übernähmen, besonders virulent. Diese kleine Gruppe von „a few bankers, usurers, middle-men and non-producers"[7], so die NLU auf ihrem Kongress von 1867, untergrabe zusehends die demokratischen Grundfesten der Republik. Die in New York erscheinende *Arbeiter-Union*, das Organ der stetig wachsenden Gruppe der deutschsprachigen Arbeiterinnen und Arbeiter in den USA, schlussfolgerte daher Anfang 1869: „Die Arbeiterfrage umfaßt nicht bloß die Interessen der Handwerker, sie schließt die Gesamtinteressen in sich."[8] Solange das amerikanische Volk von korrupten politischen Kasten und wirtschaftlichen Monopolen regiert werde, solange werde die große Mehrheit der Bürger von einer kleinen Minderheit unterdrückt.[9] In Deutschland wie auch den Vereinigten Staaten herrschte die Überzeugung vor, die Arbeiterbewegung repräsentiere in der Tat die ‚99%' des Volkes.

Blickt man nun aber auf die jeweiligen Deutungen des Arbeitsbegriffs, die der deutschen und amerikanischen Bewegung zugrunde lagen, sticht auf den ersten Blick eine Diskrepanz ins Auge. Die bereits erwähnte *Arbeiter-Union* betonte in einem programmatischen

5 Politischer Theil. In: *Der Social-Demokrat. Organ des Allgemeinen deutschen Arbeitervereins*, 24.09.1865, S. 2.

6 Beilage zu Nr. 7 des Social-Demokrat. In: *Der Social-Demokrat*, 16.01.1867.

7 Chicago Congress 1867. In: John R. Commons / Ulrich B. Phillips / Eugene A. Gilmore / Helen L. Sumner / John B. Andrews (Hrsg.): *A Documentary History of American Industrial Society*, Bd. 9: Labor Movement. New York: Russel & Russel 1958, S. 169–194, hier S. 179.

8 Aus der Neuen Welt. In: *Die Arbeiter-Union. Volkswirthschaftliches und Sociales Organ der Arbeiter*, 06.03.1869, S. 3.

9 Ebd.

Aufsatz mit dem Titel „Wer ist Arbeiter?"[10], dass kaum jemand heute noch Arbeit lediglich als städtische Handarbeit verstehe. Vielmehr gewöhne man sich mehr und mehr daran, Arbeiter all „diejenigen zu nennen, welche Nützliches, Werthvolles, Gutes schaffen, Nichtarbeiter aber die Unterdrücker der Ersteren [...]."[11] Laut Arbeiter-Union zerfalle die Menschheit in zwei große Klassen, nämlich die der *Genießenwollenden* und die der *Arbeitenwollenden.* Da die Bereitschaft und Fähigkeit zur Schaffung nützlicher Werte die zentrale Bestimmungskategorie von Arbeit sei, könne der Arbeiterbegriff keinesfalls auf die Handwerker und Fabrikarbeiter beschränkt sein, sondern schließe ebenso all jene Kopf- und Landarbeiter mit ein, die gesellschaftlich nützliche Arbeit leisteten.

Die deutschen Arbeiterinnen und Arbeiter Amerikas hatten sich, so scheint es, schnell der herrschenden Meinung der Arbeiterbewegung ihrer Wahlheimat angepasst. Blickt man in die Resolutionen und Programmdebatten der NLU in den 1860er Jahren, stößt man allenthalben auf eben jenes Bild des Arbeiters als Produzenten nützlicher Werte.[12] In den Augen der amerikanischen Bewegung war jeder, der durch eigene körperliche oder geistige Arbeit Werte schaffte, die er der Allgemeinheit zum marktvermittelten Tausch anbot, Arbeiter. Laut der hier zum Tragen kommenden Vorstellung des *producerism* war es dabei die Monopolstellung des Kapitals, die dem freien Produzenten seinen Anspruch auf den ihm zustehenden Gegenwert für seine geleistete Arbeit, die in dem fertigen Produkt verkörpert war, streitig machte. Vergleicht man diese Bestimmung nun mit dem Selbstbild der deutschen Arbeiterbewegung der 1860er Jahre, wird zunächst ein grundsätzlicher Widerspruch offenbar. Gegen Ende des Jahres 1867 berichtet der *Social-Demokrat*, dass eine kürzlich in der Hauptstadt abgehaltene Arbeiterversammlung einen fundamentalen Missstand deutlich gemacht habe. So habe es die Bewegung bisher sträflich vernachlässigt zu definieren, was gemeinhin als Arbeit zu verstehen sei und wer demnach legitimer Anhänger der Bewegung sein könne – und wer nicht. Im Laufe der kommenden Monate entspann sich über diese Frage eine emotionale Debatte unter den Mitgliedern des ADAV, die der *Social-Demokrat* mit folgender Ana-

10 Wer ist Arbeiter? In: *Die Arbeiter-Union*, 21.11.1868.

11 Ebd., S. 1.

12 Siehe z. B. die Jahreskongresse der NLU 1868 und 1896, Commons: *Documentary History*, S. 169–227.

lyse eröffnete: Da die Natur der Menschheit lediglich die Rohstoffe liefere, bedürfe es der Produktion, um aus Rohstoffen Gebrauchswerte zu produzieren. Jeder, der nun an dieser Produktion teilnehme, jeder, der „überhaupt etwas Nothwendiges, Nützliches, Angenehmes in der menschlichen Gesellschaft leistet, der *arbeitet.* In diesem Sinne kann man von jedem, der eine nützliche Thätigkeit […] vollbringt, sagen, er sei ein Arbeiter."[13] So weit, so amerikanisch.

Nun sei diese Definition aber, so der *Social-Demokrat* weiter, gesellschaftlich völlig unbestimmt, da so selbst der Fabrikant oder preußische Ministerpräsident persönlich als Arbeiter durchgehen könne. Arbeiter im Sinne der Arbeiterbewegung sei jedoch nicht jeder Arbeiter, der gesellschaftlich Nützliches produziere, sondern jeder, der dies gegen einen Lohn tue. Was diese Lohnarbeiter im Wesentlichen ausmache, sei der sich aus der Besitzlosigkeit ergebende Zwang, die eigene Arbeitskraft gegen einen Lohn feil zu bieten. Dass dies unter der formellen Freiheit des Arbeitsvertrages bei gleichzeitiger materieller Ausbeutung durch Verlust des selbst produzierten Mehrwerts geschehe, definiere die gesellschaftliche Stellung des Lohnarbeiters – und damit den Träger der Arbeiterbewegung. In den Augen der frühen deutschen Arbeiterbewegung unterschied genau diese Gleichzeitigkeit von formeller Freiheit und materiellem Zwang den modernen Lohnarbeiter von früheren wie anderen gegenwärtigen Formen gesellschaftlich nützlicher Arbeit. Dementsprechend konnte weder ein Sklave, der formell unfrei war, noch ein Fabrikant, der keinen materiellen Zwang kannte, seine Arbeitskraft zu verkaufen, Teil der Bewegung sein.

Auf den ersten Blick bestätigt dies die Annahmen von Richard Biernacki, die dieser in seiner wegweisenden Studie *The Fabrication of Labor* vorgelegt hat.[14] Biernacki stellt darin die These auf, dass sich die britische und deutsche Arbeiterbewegung ganz wesentlich in ihrer Vorstellung von abstrakter Arbeit unterschieden. Während sich der Tauschwert der Arbeit nach englischer Auffassung an dem

13 Politischer Theil. In: *Der Social-Demokrat*, 17.11.1867, S. 1.

14 Richard Biernacki: *The Fabrication of Labor. Germany and Britain, 1640–1914.* Berkeley: University of California Press 1997. Die Tatsache, dass Biernacki die historische deutsche Arbeiterbewegung zu sehr auf das Bild des Verkäufers von Arbeitskraft verengt, ändert nichts an der Originalität seiner These. Es scheint, dass die von ihm beschriebene Dichotomie der Konzepte von Arbeit weniger entlang nationaler Grenzen als vielmehr entlang von historischen Perioden oder Kategorien wie Geschlecht und Gewerk verlief.

im Produkt kristallisierten Quantum Arbeit bemaß, herrschte in Deutschland die Überzeugung vor, der Wert der Arbeit sei durch die verausgabte *Arbeitskraft* geprägt, die in die Produktion einfloss. Englische Arbeiterinnen und Arbeiter verstanden sich demnach quasi als Auftragsnehmer, die mit zur Verfügung gestellten Produktionsmitteln an zugewiesenen Arbeitsplätzen weitgehend selbstständig produzierten. Deutsche Arbeiterinnen und Arbeiter sahen sich dagegen als Verkäuferinnen oder Vermieter ihrer Arbeitskraft. Dies sei der Grund, so Biernacki, warum sich industrielle Konflikte in England in der Regel um die Herstellung und Verwertung der Produkte, in Deutschland aber um Herstellung und Verwertung der Arbeitskraft drehten. Auf den ersten Blick verhält es sich mit dem deutsch-amerikanischen Vergleich ganz ähnlich. Tatsächlich aber war der Arbeitsbegriff der deutschen Bewegung der 1860er Jahre breiter als obiges Beispiel vermuten lässt. Überdeutlich wird dies an einer hitzigen Diskussion der Berliner Gemeinde des ADAV, die Ende 1867 stattfand. Die anwesenden Vertreter der unterschiedlichen Gewerke drückten darin ihre Auffassung aus, dass wenn auch nicht jeder städtische Meister, so doch die große Masse der verlegten Kleinmeister als Arbeiter anzusehen sei. Dementsprechend war etwa ein verlegter Schneidermeister, der ohne die Hilfe von Gesellen die für überregionale Märkte bestimmten Aufträge eines Kaufmanns oder Verlegers bearbeitete, zweifelsfrei Arbeiter. Schließlich habe er gerade durch die enge Bindung an einen Verleger, der häufig die Rohstoffe lieferte und genaue Vorgaben zur Quantität und Qualität sowie dem Liefertermin der Zwischen- oder Endprodukte machte, jegliche Kontrolle über seine eigene Arbeit verloren. Selbst wenn verlegte Meister formal nicht ihre Arbeitskraft, sondern das Arbeitsprodukt an einen Lohnherren verkauften, gehörten sie – wie es der Mitherausgeber des *Social-Demokrat* Johann Baptist von Hofstetten formulierte – „naturgemäß in unsere Reihen.“[15] Ähnliches galt im Übrigen für den weit verbreiteten Stücklohn. Eine Näherin in Heimgewerbe etwa, die an der heimischen Nähmaschine eine vorab besprochene Anzahl Manschetten produzierte und gegen vereinbarten Akkordlohn lieferte, war zweifelsfrei Arbeiterin, auch wenn sie selbst den Wert ihrer Arbeit eher durch das Produkt als durch die verausgabte Arbeitskraft bemaß und definierte. Die deutsche Arbeiterbewegung verstand sich also ähnlich der amerikanischen

15 Vereins-Theil. In: *Der Social-Demokrat*, 13.12.1867, S. 3.

auch deshalb als ‚99%', da sie den Lohnarbeiter, der seine Arbeitskraft verkaufte, ebenso repräsentierte wie den kleinen Produzenten, der unter der Vormachtstellung des Großhandels litt oder hohe Zinsen auf Kredite bedienen und steigende Mieten für Wohn- und Werkraum aufbringen musste. Das Ideal des selbstständigen Produzenten gesellschaftlich nützlicher Werte war ein grenzübergreifender Bestandteil im Selbstverständnis der jungen Arbeiterbewegung.

Dieses Selbstverständnis in der Frühphase der Arbeiterbewegung ist aus heutiger Sicht auch deshalb über die Sozialgeschichte hinaus relevant, da sich an vergangenen Identifikationsangeboten auch strukturelle Veränderungen ablesen lassen. Die den *Assoziationssozialismus* des 19. Jahrhunderts bestimmende Vorstellung, durch die Organisation der Arbeit in Produktivassoziationen könne jedem Produzenten der oft bemühte *volle Ertrag seiner Arbeit* garantiert werden, wirkte auch deshalb bis in die 1870er Jahre fort, da die Arbeitsrealität einer Vielzahl von Beschäftigten diese Hoffnung am Leben hielt. Gerade die in den Städten vorherrschenden Massenhandwerker wie Schneider oder Schuhmacher produzierten einerseits in physischer Vereinzelung und scheinbarer Selbstständigkeit, andererseits aber in materieller Abhängigkeit von Verlegern und Auftraggebern sowie unter enormen Konkurrenzdruck – eine Kombination, die den Glauben an die Möglichkeit einer Produktivassoziation nährte, in die jeder Produzent seine selbstständig produzierten Arbeitswerte einbringen würde. Wenn sich ab Mitte der 1870er Jahre dagegen das Ideal eines *Staatssozialismus* durchzusetzen begann, so geschah dies nicht zuletzt vor dem Hintergrund einer tatsächlichen oder als unmittelbar bevorstehend wahrgenommenen betrieblichen Konzentration, die das Bild des freien, assoziierten Produzenten als hoffnungslos veraltet erscheinen ließ.[16] Aufblühende staatssozialistische Vorstellungen nahmen in der Folge mehr und mehr betriebliche und sozialstaatliche Organisationsstrukturen auf, die schließlich die Industriegesellschaften des 20. Jahrhunderts maßgeblich prägen sollten. Gegenwärtige soziale Bewegungen sehen sich nun einer genauen Umkehr dessen gegenüber. Staatssozialistische und sozialstaatliche Utopien verloren in dem Maße an Bindungskraft, wie langfristige Arbeitsperspektiven in der industriellen Großproduktion an Bedeutung verloren. Es scheint, dass das beginnende 21. Jahrhundert eine Wiederkehr assoziationsso-

16 Vgl. dazu ausführlich Welskopp: *Banner*, S. 64–97.

zialistischer Vorstellungen erleichtern dürfte. Die Trägerschicht von Bewegungen wie *Occupy* oder der spanischen *¡Democracia real ya!* eint eine Erfahrung, die durchaus Parallelen zu den Trägerschichten der Arbeiterbewegung der 1860er Jahre aufweist, wenn auch freilich in ganz anderen Sektoren. Scheinselbstständigkeit, immenser Konkurrenzdruck, Preisverfall der angebotenen Produkte, Zukunftsängste, teurer innenstädtischer Wohnraum und Verschuldung sind Erfahrungen, die Kreativarbeiterinnen oder freie Journalistinnen heute mit den Gesellen oder kleinen Meistern von damals in Beziehung setzen lässt. Doch anders als den städtischen Arbeiterinnen und Arbeitern des mittleren 19. Jahrhunderts steht den sozialen Bewegungen heute kein an handwerklichen Lebenswelten orientiertes, assoziationssozialistisches Konzept zur Verfügung. Dies ist einerseits nun nicht per se zu bedauern, da der Assoziationssozialismus der 1860er Jahre zweifelsfrei eine Überhöhung der Kategorie Arbeit als zentrales Organisations- und Werteprinzip beförderte. So sprach der *Social-Demokrat* den Arbeiterbewegungen Westeuropas und Nordamerikas gleichermaßen aus der Seele wenn er forderte, dass die Arbeit keine Ware, sondern „das Bestimmende in Staat und Gesellschaft“[17] sein solle. Dies markierte gewissermaßen die Geburtsstunde des auch und gerade in den Arbeiterbewegungen fest verankerten Credos, dass *wer nicht arbeite, auch nicht essen* solle. Andererseits machte der Assoziationssozialismus aber auch Identifikationsangebote, die Möglichkeiten zur Überwindung des ihm eigenen Arbeitsfetisches aufzeigten. Freiheit und Autonomie waren als republikanische Ideale hier durchaus angelegt – man denke etwa an die ausufernden Übungen in Basisdemokratie, die das Vereins- und Versammlungsleben mit sich brachte, oder an die kontinuierlichen öffentlichen Debatten, wie demokratisch angelegte Produktivassoziationen organisiert sein müssten. Insofern greifen auch jüngere Schlussfolgerungen zu kurz, wonach sich die historischen Arbeiterbewegungen immer nur um eine Befreiung der Arbeit, nie aber um eine Befreiung von der Arbeit bemüht hätten.[18] Die heute in Europa weitgehend in Vergessenheit geratene, internationale Bewegung zur Verkürzung des Arbeitstages etwa, die sich an assoziationssozialistischen Vorstellungen orientierte und

17 Vereins-Theil. Berlin. In: *Der Social-Demokrat,* 17.08.1866, S. 4.

18 Die vielleicht pointierteste Kritik stammt wohl aus dem viel diskutierten „Manifest gegen die Arbeit“ der Gruppe *Krisis*, siehe http://www.krisis.org/1999/manifest-gegen-die-arbeit (Zugriff am 12.06.2014).

in den 1860er und frühen 1870er Jahren zeitweilig selbst Lohnfragen auf die hinteren Plätze verwies, kämpfte ganz explizit für die Befreiung *von* der Arbeit. Für sie war der Achtstunden-Tag nur die pragmatische Forderung, hinter der sich die Hoffnung eines stetigen Rückzugs der Lohnarbeit verbarg, so lange nämlich bis die Arbeit auf die zur Befriedigung der gesellschaftlichen Bedürfnisse notwendige Zeit reduziert und damit endlich die Voraussetzung politischer und kultureller Teilhabe geschaffen wäre. An diese emanzipatorische Kritik anzuknüpfen, ohne einer erneuten Fetischisierung der Arbeit Vorschub zu leisten, bleibt eine zentrale Herausforderung gegenwärtiger sozialer Bewegungen.

Hoffnungsträger der Revolution oder hoffnungslos korrumpiert?

Arbeiter in den Strategiedebatten der 68er-Bewegung

Ulf Teichmann

Wenn in der Bundesrepublik Deutschland bisher die Rede von ‚68' oder der 68er-Bewegung war, so wurde diese häufig mehr oder weniger mit der Studentenbewegung der 68er-Jahre gleichgesetzt.[1] Akteur_innen aus anderen sozialen Gruppen, insbesondere Arbeiter_innen, scheint es lediglich im Süden und Westen Europas gegeben zu haben.[2] Auch wenn diese Perspektive eine Verkürzung darstellt, waren Studierende und Studentenverbände in der Bundesrepublik tatsächlich die wichtigsten bewegungspolitischen Akteur_innen dieser Zeit. Bei genauerem Hinsehen findet man jedoch auch in der BRD zahlreiche Gelegenheiten, bei denen der studentische Teil der 68er-Bewegung mit Arbeiter_innen und deren Organisationen, den Gewerkschaften, zusammentraf.[3]

Hierauf waren die Studierenden durch jahrelange theoretische Auseinandersetzungen um die Rolle der Arbeiter[4] für die Strategie und die politische Ausrichtung ihrer Politik vorbereitet. Schließlich kam der wichtigste Träger der Studentenbewegung, der Sozialistische Deutsche Studentenbund (SDS), als ehemalige SPD-Studierendenorganisation aus der sozialdemokratischen Arbeiterbewegung

1 Vgl. bspw. Wolfgang Kraushaar: *Achtundsechzig. Eine Bilanz*. Berlin: Propyläen 2008; Ingrid Gilcher-Holtey: *Die 68er Bewegung. Deutschland, Westeuropa, USA*. München: Beck 2001.

2 Vgl. Peter Birke: *Wilde Streiks im Wirtschaftswunder. Arbeitskämpfe, Gewerkschaften und soziale Bewegungen in der Bundesrepublik und Dänemark*. Frankfurt am Main / New York: Campus 2007, S. 8–10; Gerd-Rainer Horn: Arbeiter und „1968" in Europa. Ein Überblick. In: Ders. / Bernd Gehrke (Hrsg.): *1968 und die Arbeiter. Studien zum „proletarischen Mai" in Europa*. Hamburg: VSA 2007, S. 27–50, hier 27–30.

3 Vgl. hierzu Marica Tolomelli: *„Repressiv getrennt" oder „organisch verbündet". Studenten und Arbeiter 1968 in der Bundesrepublik Deutschland und in Italien*. Opladen: Leske + Budrich 2001.

4 ‚Die Arbeiter' scheinen im Denken der Studierenden eine stets männliche, von der Industriearbeiterschaft geprägte Gruppe gewesen zu sein, weswegen im Folgenden auch ausschließlich die männliche Form verwendet wird.

und bezog sich als sozialistischer Verband auch explizit auf deren Theorietraditionen.[5]

Dieser Beitrag fragt daher am Beispiel des SDS in einer etwas längerfristigen Perspektive, wie Arbeiter in Programm- und Strategiedebatten der linken Studierenden repräsentiert wurden, welche Funktion sie für das Handeln der Studierenden einnahmen und in welchem Verhältnis sich die Studierenden selbst zu den Arbeitern sahen. Nachgezeichnet werden diese Debatten hauptsächlich anhand von Veröffentlichungen in der SDS-Zeitschrift *neue kritik*. Diese war in der BRD, wie auch der SDS selbst, einer der Kristallisationskerne der Neuen Linken, einer jüngeren unorthodoxen Strömung der linken Ideengeschichte, die die 68er-Bewegung stark beeinflusste.[6]

Die anfängliche Hegemonie der Linkssozialisten

Als diese Neue Linke Anfang der 1960er Jahre Diskussionen um neue Wege zum Sozialismus in der BRD begann, sah sie sich in der Defensive. Aus der Nachkriegsperiode ging ein gefestigtes kapitalistisches Wirtschaftssystem hervor. Die Arbeiter_innen selbst konnten durch deutliche Lohnsteigerungen in den 1950er Jahren und einen Anstieg des Konsums am wirtschaftlichen Aufschwung teilhaben und schienen sich in der Marktwirtschaft eingerichtet zu haben.[7] War der sozialistischen Politik damit ihr Subjekt verloren gegangen?

„Apathie, Resignation, Indifferenz sind die gebräuchlichen Vokabeln zur Beschreibung des Verhältnisses zur Politik, das die Arbeiterschaft in den entwickelten Industrieländern des Westens heute hat"[8], konnte man 1965 in der *neuen kritik* lesen. „Den meisten Arbeitern […] erscheint eine Veränderung der gegenwärtigen Gesellschaftsordnung nicht möglich, vielen erscheint sie nicht einmal nötig"[9]. Begründet

5 Vgl. Tilman Fichter / Siegward Lönnendonker: *Kleine Geschichte des SDS. Der Sozialistische Deutsche Studentenbund von Helmut Schmidt bis Rudi Dutschke*. Bonn: bpb 2008.

6 Vgl. Gilcher-Holtey: *68er Bewegung*, S. 21; Philipp Kufferath: Vom Parteinachwuchs der SPD zum Protagonisten der Neuen Linken. Die Geschichte des Sozialistischen Deutschen Studentenbundes (1946–1968). In: Klaus Kinner (Hrsg.): *Linke zwischen den Orthodoxien. Von Havemann bis Dutschke*. Berlin: Dietz 2011, S. 118–126, hier S. 120–121.

7 Vgl. Robert Lorenz: *Gewerkschaftsdämmerung. Geschichte und Perspektiven deutscher Gewerkschaften*. Bielefeld: Transcript 2013, S. 50–54.

8 Sebastian Herkommer: Zum politischen Interesse und Bewußtsein der Arbeiter. In: *neue kritik* 28 (1965), S. 10–17, hier S. 10.

9 Ebd., S. 12.

wurde dies neben politischen Enttäuschungen damit, dass den Arbeitern die Fähigkeit abhandengekommen sei, in Zusammenhängen zu denken. Auf den Verlust der Utopie seien Hilflosigkeit und Apathie gefolgt.[10] In der Feststellung fehlenden politischen Bewusstseins der Arbeiter waren sich die linken Studierenden auch mit allen wichtigen Vertretern der Neuen Linken im Wissenschaftsbetrieb einig.[11] Die Erkenntnis, dass die Arbeiterklasse als revolutionäres Subjekt zumindest vorerst nicht (mehr) zur Verfügung stände, löste die Suche nach Ersatz aus. In einer Situation, in der sozialistisches Denken zu einem Nischenthema geworden war, verwundert es nicht, dass die linke Intelligenz, also auch der SDS, begann, darüber nachzudenken, ob sie selbst diese Rolle übernehmen könnte. Schließlich war sie ohnehin gerade auf der Suche nach ihrer eigenen Funktion.

Für Manfred Liebel, Frankfurter Soziologie-Student und zu diesem Zeitpunkt erster Bundesvorsitzender des SDS, war es die Aufgabe der linken Intellektuellen, mittels der Arbeiterbewegung zwischen Theorie und Praxis zu vermitteln. Dafür, dass dies nicht gelang, machte er „[d]ie Bürokratisierung der Organisationen der Arbeiterbewegung und die damit verbundene Institutionalisierung des Klassenkampfes“[12] verantwortlich, die dazu führe, dass kritische Intellektuelle „von den Apparaten ausgespien“[13] würden. Liebel spielte hier auf den Ausschluss der SDS-Mitglieder aus der SPD an und verglich sie in ihrem Schicksal mit Leo Trotzki, Georg Lukács und vielen anderen linken Intellektuellen, die in den Jahrzehnten zuvor in Konflikte mit ihrer Partei gerieten.[14] Mit diesen Feststellungen lieferte Liebel eine Analyse des Problems, die Bürokratisierung von Partei und Gewerkschaften, aber noch keine Lösung. Diese bot dann Wolfgang Abendroth. Die Koryphäe der Neuen Linken schrieb der „jungen Intelligenz“ in

10 Ebd., S. 12–13.

11 Vgl. Ingrid Gilcher-Holtey: Kritische Theorie und Neue Linke. In: Dies. (Hrsg.): *1968. Vom Ereignis zum Mythos.* Frankfurt am Main: Suhrkamp 2008, S. 223–247, hier S. 226; Herbert Marcuse: *Der eindimensionale Mensch. Studien zur Ideologie der fortgeschrittenen Industriegesellschaft.* Neuwied / Berlin: Luchterhand 1970; Johannes Agnoli / Peter Brückner: *Die Transformation der Demokratie.* Frankfurt am Main: EVA 1968, S. 19–20; Wolfgang Abendroth: Die Aufgaben der jungen Intelligenz im Klassenkampf. In: *neue kritik* 18 (1963), S. 9–12, hier S. 9–10.

12 Manfred Liebel: Die Rolle der Intellektuellen in der Bundesrepublik. In: *neue kritik* 18 (1963), S. 5–8, hier S. 6.

13 Ebd.

14 Ebd.

derselben Ausgabe der *neuen kritik* ihre Aufgabe zu: Angesichts des fehlenden Klassenbewusstseins der Arbeiter, sei es Aufgabe der Intellektuellen, sie zu diesem Klassenbewusstsein zu führen.[15] Denn eine zentrale These Abendroths war, dass ohne die arbeitenden Menschen, die als einzige „einen Machtfaktor gegenüber den übrigen Machtfaktoren dieser Gesellschaft darstellen"[16] könnten, keine gesellschaftliche Veränderung möglich sei.[17]

Auf der 20. Delegiertenkonferenz des SDS im selben Jahr wurden Michael Vesters Überlegungen über „Die Arbeitnehmer in der sozialistischen Strategie"[18] zur Grundlage einer „programmatischen Erklärung" erkoren, in der dem Verhältnis zu den Arbeitern demnach eine bedeutsame Rolle zukommen sollte.[19] Für ihn war die „Theorie", in diesem Fall verkörpert durch den SDS, ein Teil der Arbeiterbewegung. Vester sprach dem „ökonomisch-gewerkschaftliche[n] Engagement der Arbeitnehmer"[20] jedoch eine Priorität zu. Das Problem in der analysierten Situation und damit der Ausgangspunkt für alle weiteren Überlegungen war dabei auch für Vester, dass die Arbeiter „ihr eigenes politisches Bewußtsein [...] *noch* nicht entwickelt"[21] hatten. Einer vollständigen Abwendung von der Arbeiterklasse als Subjekt gesellschaftlichen Wandels trat er aber entschieden entgegen. Die „von gewissen Kulturkritikern vertretene Theorie der totalen Integration [der Arbeiterklasse, U.T.] und Stabilität im Kapitalismus"[22] hielt er für haltlos, womit er sich gegen Herbert Marcuse und die Antiautoritären wandte.[23] Noch stand der SDS mit diesem Denken voll und ganz in der linkssozialistischen Tradition Wolfgang Abendroths.

15 Abendroth: Die Aufgaben der jungen Intelligenz, S. 11.

16 Ebd.

17 Ebd., S. 11–12.

18 Michael Vester: Zur Dialektik von Reform und Revolution. Die Arbeitnehmer in der sozialistischen Strategie. In: *neue kritik* 34 (1966), S. 15–27.

19 Bundesvorstand des Sozialistischen Deutschen Studentenbundes: Entwurf zu einer programmatischen Erklärung des SDS. Vorlage des Bundesvorstandes. In: Ebd., S. 7–14, hier S. 7.

20 Vester: Zur Dialektik von Reform und Revolution, S. 15.

21 Ebd. (Hervorhebung U.T.)

22 Ebd., S. 18.

23 Ebd., S. 16, 18, 20–21.

Die Stärkung der Antiautoritären und die Abkehr von der Arbeiterklasse

Ungefähr ab 1966 stärkte der antiautoritäre Flügel seine Position im SDS. Damit einher ging die Abwendung von der Arbeiterklasse, die sich nicht zuletzt auf den Einfluss Herbert Marcuses zurückführen lässt.[24] Dieser stellte sich dieselbe Frage wie der Studierendenverband:

> *Was ist aus dem Subjekt der Revolution geworden?* Wenn nämlich die Integrierung der Arbeiter in hochentwickelten Industrieländern fortschreitet, haben wir da noch ein Recht, die Arbeiterklasse als das historische Subjekt der Revolution anzusprechen?[25]

Diese Frage verneinte Marcuse mit der Begründung, dass die Arbeiterklasse nicht mehr die „absolute Negation des Bestehenden"[26] gewesen sei, sondern mit Hilfe des technischen Fortschritts und mit einer Ausweitung des Konsums in das System integriert und durch diese Integration in das kapitalistische System zu einem Teil des Bestehenden selbst geworden sei.[27] Neue potentiell revolutionäre Subjekte sah er in nicht in den demokratischen Prozess eingebundenen Randgruppen, „Verfolgten anderer Rassen und anderer Farben, [den] Arbeitslosen und [den] Arbeitsunfähigen"[28]. Deren Opposition sei revolutionär, wenn auch nicht ihr Bewusstsein.[29] Die Studierenden als „Privilegierte" mit „Zugang zu den Tatsachen"[30] hätten noch ein Bewusstsein, das sich der Manipulation der eindimensionalen Gesellschaft entzöge.[31] Marcuses Gedanken wiesen den Studierenden so eine neue Aufgabe: Den Randgruppen in revolutionärer Opposition das diesen fehlende revolutionäre Bewusstsein zu vermitteln, das die linken Studierenden sich bereits angelesen hatten.

1966 bekam der Verband mit den Vorsitzenden Reimut Reiche und Peter Gäng erstmals einen Bundesvorstand mit antiautoritärer

24 Vgl. bspw. Tolomelli: *„Repressiv getrennt"*, S. 123–125; Kraushaar: *Achtundsechzig*, S. 54.

25 Herbert Marcuse: Perspektiven des Sozialismus in der industriell entwickelten Gesellschaft. In: *neue kritik* 31 (1965), S. 11–15, hier S. 14.

26 Ebd.

27 Ebd., S. 11–12.

28 Marcuse: *Der eindimensionale Mensch*, S. 362.

29 Ebd.

30 Herbert Marcuse: Ziele, Formen und Aussichten der Studentenopposition. In: *Das Argument* 9,5/6 (1967), S. 398–408, hier S. 399.

31 Ebd.

Prägung.[32] Dieser suchte nach neuen Wegen und begann seine erste programmatische Schrift gleich mit einer entsprechend eindeutigen Feststellung:

> Es ist in absehbarer Zeit nicht damit zu rechnen, daß die abhängigen Klassen in den spätkapitalistischen Ländern aus sich heraus die Kraft zu einer revolutionären Umwälzung der Gesellschaft entwickeln werden.[33]

Die Suche nach dem revolutionären Subjekt hielten sie für zwangsläufig ergebnislos, da

> man es selbst beim besten Willen in der BRD oder in anderen spätkapitalistischen Ländern nicht finden kann. Es lohnt sich nicht, weiter zu suchen, es hilft nichts sich an irgendwelchen belgischen Streiks, französischen Universitätsrevolten oder Schweigemärschen im Ruhrgebiet aufzugeilen.[34]

Dies war ein deutlicher Seitenhieb gegen diejenigen, die das Agieren der Arbeiter beobachteten, um Ansätzen von Klassenbewusstsein auf die Spur zu kommen.[35]

Wenige Monate nach der Veröffentlichung dieses Aufsatzes, am 2. Juni 1967, wurde am Rand von Protesten gegen den Staatsbesuch des Schahs von Persien der Student Benno Ohnesorg von einem Polizisten erschossen. Dieses Ereignis gilt als Katalysator der Studentenbewegung.[36] Auch für das Bild der Arbeiter in der Studentenbewegung ist es eine Wendemarke, da durch deren Radikalisierung infolge dieses Ereignisses die Antiautoritären die Oberhand gewannen.[37]

Deren unumstrittener Wortführer Rudi Dutschke schaffte es, eine Strategie zu verbreiten, die das avantgardistische Selbstverständnis der linken Studierenden noch verstärkte und in der die Arbeiter keine soziale Gruppe mit einer besonderen Funktion mehr waren. Ausgehend von einer wachsenden Bedeutung der Universität und der akademischen Intellektuellen für die Wirtschaft bei gleichzeitigem Schrumpfen der Bedeutung der Arbeiter bezog sich Dutschkes Strategie hauptsächlich auf die Studierenden, die sich insbesondere in West-Berlin nach den Repressionen am und nach dem 2. Juni 1967 selbst als Randgruppe zu betrachten begannen. Sein Ziel war, das

32 Fichter / Lönnendonker: *Kleine Geschichte des SDS*, S. 149.

33 Reimut Reiche / Peter Gäng: Vom antikapitalistischen Protest zur sozialistischen Politik. In: *neue kritik* 41 (1967), S. 17–35, hier S. 17.

34 Ebd., S. 18.

35 Ebd., S. 29.

36 Vgl. bspw. Kraushaar: *Achtundsechzig*, S. 150–153.

37 Vgl. Tolomelli: *„Repressiv getrennt"*, S. 181–182.

antiautoritäre Lager zu vergrößern, was erreicht werden sollte durch eine Politisierung der Menschen, durch Spielregeln durchbrechende Praxis, durch direkte Aktionen, die die Arbeiterschaft nicht besonders adressierten.[38]

Deutlicher wurde die vermeintlich endgültige Verabschiedung der Arbeiterklasse als revolutionäres Subjekt durch die Antiautoritären, als Dutschke sich in einem Aufsatz gegen die linkssozialistische „Losung von der Interessenidentität zwischen Arbeitern und Studenten"[39] stellte. Er ging davon aus, dass die seinerzeitige Entwicklung der Produktivkräfte eine sozialistische Gesellschaftsordnung ermöglicht habe. Auch wäre „von heute auf morgen die Übernahme der Fabriken durch die Produzenten", also die Arbeiter, möglich, doch mangele es „gerade in den Betrieben an gesellschaftlichem Bewußtsein". Zwar hätten ihm so weit auch Linkssozialisten noch zugestimmt, doch forderte er, dass deshalb die „Organisierung und Bewußtwerdung der produzierenden Massen" außerhalb der Arbeitswelt und der Gewerkschaften stattfinden müsse. Auch er schrieb den linken Studierenden, insbesondere den antiautoritären und ihrer „praktisch-kritischen Tätigkeit" eine avantgardistische Funktion für die Politisierung der Massen zu. Demnach fiel es auch nach Dutschke der Intelligenz, den „Studenten-Produzenten", zu, die Arbeiter zu politisieren. Aufgrund geringer Erfolgserwartungen dieses Unterfangens waren die Arbeiter zunächst aber bestenfalls eine Zielgruppe unter vielen.

Marxismus-Leninismus und proletarischer Klassenkampf

Mit dem Abflauen der Studentenbewegung und dem Auseinanderfallen des SDS, das noch im Jahr 1968 einsetzte, entbrannte eine neue Debatte um die richtige Form der künftigen Organisation. Viele SDSler wandten sich in dieser Debatte wieder verstärkt den Arbeitern zu, die erneut zum Objekt ihrer Politik wurden.

Viele der kleinen Organisationen, die mehr oder weniger aus dem SDS hervorgingen, offenbarten, dass die Schriften Lenins in der Zwischenzeit an Bedeutung in der Studentenbewegung gewonnen hatten.

38 Rudi Dutschke: o. T. In: Uwe Bergmann (Hrsg.): *Bedingungen und Organisation des Widerstandes. Der Kongreß in Hannover. Protokolle Flugblätter Resolutionen.* [Berlin]: Voltaire Flugschriften [1967], S. 78–82, 92–94.

39 Rudi Dutschke: Repressiv getrennt. Zum Verhältnis von Arbeitern und Studenten im Spätkapitalismus. In: *FU-Spiegel* 62 (1968), S. 8–9. Alle Zitate im Folgenden ebd.

Zum einen setzte sich der Gedanke durch, dass nur eine streng organisierte und geschlossene kleine Gruppe überzeugter Revolutionäre die Revolution vorbereiten könne, die die Arbeiter befreien würde. Zum anderen zeigte sich die Leninsche Prägung in der verstärkten Verurteilung „nur-gewerkschaftliche[r]"[40], also nicht auf die Abschaffung des Kapitalismus ausgerichteter Vertretung von Arbeiterinteressen. Die Ablehnung eines solchen Vorgehens bildete nicht nur die Grundlage für den sich nun verstärkenden Kampf gegenüber den DGB-Gewerkschaften, sondern wurde auch Ausgangspunkt jeglicher Bewertung politischen Handelns der Arbeiter selbst.[41]

Ein Grund für die erneute Hinwendung zum Proletariat war die Erkenntnis, dass die Mobilisierungserfolge der Studentenbewegung zu schnell verpufft waren und für die Ziele der linken Studierenden eine breitere Bewegung notwendig gewesen wäre. „Die richtige Fortsetzung des Hochschulkampfs ist der proletarische Klassenkampf"[42], verkündete Udo Knapp, der letzte SDS-Vorsitzende Anfang 1970 in einem *Spiegel*-Interview anlässlich der Auflösung des Verbandes. Die Proteste in Frankreich und Italien sowie die bundesdeutschen Septemberstreiks 1969 hatten die SDSler hoffen lassen, „daß das Proletariat in den Metropolen den praktischen Kampf wieder aufgenommen hat."[43] Um in dieser Situation als „revolutionäre Intelligenz"[44] Klassenkämpfe initiieren zu können, hatte sich eine Organisationsreform als Losung der Stunde durchgesetzt: „Die revolutionäre Intelligenz muß sich zunächst eine feste Organisationsform geben, die von der Aufgabe bestimmt sein muß, eine proletarische Kampforganisation aufbauen zu wollen."[45] Diese Entwicklung hatte sich abzuzeichnen begonnen, als 1969 vermehrt Basisgruppen aufgebaut worden waren, die sich der Agitation in Betrieben widmen sollten. Mit dem Zerfall des SDS ging die Gründung vieler Kleinstparteien Leninschen Typs, der sogenannten K-Gruppen, einher.[46]

40 Wladimir Iljitsch Lenin: Was tun? Brennende Fragen unserer Bewegung. In: Ders.: *Ausgewählte Werke*, Bd. 1, hrsg. v. Institut für Marxismus-Leninismus beim ZK der SED. Frankfurt: Verlag Marxistische Blätter 1970, S. 333–541, hier S. 393.

41 Ebd., S. 390–488.

42 Natürlich können wir noch Eier schmeißen. Spiegel-Interview mit dem früheren SDS-Bundesvorstandsmitglied Udo Knapp. In: *Der Spiegel*, 30.03.1970, S. 106.

43 Ebd.

44 Ebd.

45 Ebd.

46 Vgl. Kraushaar: *Achtundsechzig*, S. 183–193.

Schluss

Diese Darstellung zusammenfassend lassen sich abschließend vier Thesen aufstellen:

1. In den Überlegungen des SDS ging es niemals um ‚den Arbeiter', geschweige denn ‚die Arbeiterin'. Ihrem vom Marxismus geprägten sozialstrukturellen Denken verhaftet konnten die linken Studierenden beider Flügel die Arbeiter bzw. die Arbeiterklasse nur als Kollektivsubjekt denken. Gegenstand der Debatten waren daher weniger reale Menschen als eine soziale Konstruktion.
2. Da sie davon ausgingen, dass sich das Handeln dieses Kollektivsubjekts mit sozioökonomischen und politischen Strukturen erklären ließe, fühlten sie sich legitimiert, Urteile über die Arbeiter zu fällen, ohne lebensweltlichen Bezug zu ihnen zu haben. Dies gründete in einem avantgardistischen Selbstverständnis als linke Intellektuelle, die den Arbeitern zu Bewusstsein verhelfen könnten, was bei diesen selbst wiederum zu erheblichen Vorbehalten gegenüber der Studentenbewegung führte.
3. Die Arbeiter waren für den SDS nur insofern interessant, als sie den Studierenden zum Erreichen ihrer eigenen politischen Ziele dienlich sein konnten. Im Sinne des avantgardistischen Selbstverständnisses betrachteten sie diese jedoch auch als objektive Ziele der Arbeiter, denen hierüber lediglich das Bewusstsein gefehlt habe.
4. Darüber hinaus bildeten sich im SDS Flügel, die sich unterscheiden ließen an der jeweiligen Meinung zur gesellschaftspolitischen Rolle der Arbeiter. Die Dominanz des linkssozialistischen Flügels wurde kurz vor der Ausweitung der Studentenbewegung vom antiautoritären Flügel gebrochen. Mit dem Auseinanderfallen der Studentenbewegung und auch des SDS gesellte sich ein dogmatischer Marxismus-Leninismus hinzu, der dazu beitrug, dass die Arbeiter wieder erheblich an Bedeutung für die Politikkonzepte der auseinanderfallenden 68er-Bewegung gewannen.

„blinded by a promise of work"

Repräsentation im hegemonialen Menschenhandelsdiskurs[1]

Anna Hollendung

Sind Prostituierte Opfer eines gefährlichen, ungebändigten männlichen Sexualtriebs, menschenfeindlicher und diskriminierender Lebensumstände? Tragen sie die Folgen eines wirtschaftlichen Gefälles zwischen Arm und Reich, das es den Besitzenden erlaubt, die schlechter Gestellten auszubeuten, auch sexuell? Ist der Menschenhandel eine Weise, in der Ungleichheit importiert wird? Fordert die Hilflosigkeit der Opfer das unmittelbare Eingreifen der Staatsakteur_innen – von Polizei, Sozialarbeit und Legislative – um diese Menschen zu retten?

Es gibt eine Gruppe von Sprecher_innen, die gegen die Ausblendung jeglicher Handlungsfreiheit und Selbstbestimmung in der Sexarbeit opponieren. Sie betonen, dass die Gleichsetzung von Prostitution mit Menschenhandel falsch ist, und weisen darauf hin, dass politische Maßnahmen – die auf der Grundlage des Anliegens, den Menschenhandel zu bekämpfen, ergriffen oder durch dieses Anliegen legitimiert wurden – zur Marginalisierung der Betroffenen beigetragen haben. Sie fordern eine Anerkennung der emanzipativen Potentiale (auch) von Sexarbeit und eine Stärkung der Rechte der Betroffenen, ohne diese als Opfer zu qualifizieren.

Während auf der einen Seite Ausbeutungs- und Gewaltverhältnisse skandalisiert und die Befreiung aller Prostituierten gefordert wird, betont die andere Seite, dass es auch in der Sexindustrie Arbeitsverhältnisse gibt, die selbstbewusst in Anspruch genommen und gestaltet werden. An den extremen Enden stehen sich Forderungen nach sehr viel stärkerer Kontrolle und dem Verbot von Prostitution bzw. ihrer Nachfrage (so das ‚schwedische Modell') und Forderungen nach Anerkennung von Sexarbeit ‚als Beruf wie jeder andere' gegenüber.

1 Dieser Aufsatz geht auf Überlegungen zurück, die ich im Rahmen meiner Magisterarbeit zum Thema *Diskurse um Menschenhandel und Prostitution. Historische Auseinandersetzungen, Gesetzgebung und ihre Verflechtungen* formuliert habe.

Der Streit um die Deutungsmacht gewinnt an Virulenz, da der jeweils anderen Position unterstellt wird, lediglich Partikularinteressen zu vertreten und dabei ganzen Personengruppen ihre Existenz abzusprechen, deren ohnehin prekäre Situation dadurch weiter verschärft werde. Die Prostitutionsgegner_innen begründen ihr Anliegen mit dem Verweis auf den Menschenhandel, während jene, die sich für die Rechte von Sexarbeiter_innen stark machen, diese Rechte gerade durch Maßnahmen der Kriminalisierung von Prostitution gefährdet sehen.

Die Auseinandersetzung ist auch aus epistemologischen Gründen schwierig aufzulösen, denn bereits die Problembeschreibung ‚Menschenhandel' strukturiert die Wahrnehmung auf eine spezifische Weise. Dies illustriert der folgende Ausschnitt eines Zeitungsberichtes:

> We will call them Olga and Natasha. Their story equals the stories of many other girls from the East who came to Italy blinded by a promise of work, and were then forced into prostitution by a pimp, a man of no scruples. As soon as they got off the bus that brought them illegally from Moldova to Italy, they were taken over by Rimi, an Albanian.[2]

Diese Darstellung ist typisch für den Menschenhandelsdiskurs und sie wird als durchschnittliche Einwanderungsgeschichte präsentiert („Their story equals the stories of many other girls from the East who came to Italy“): Zwei junge Frauen, die nicht als vollwertige Erwachsene, sondern als „girls“ beschrieben werden, werden gegen ihren Willen in die Prostitution gezwungen. Schlecht informiert oder einfach naiv, glauben sie an ein falsches Versprechen, sie sind „blinded by a promise of work“. Bevor sie sich an dem neuen Ort eine Orientierung verschaffen können, werden sie von einem gefährlichen, als Ausländer markierten Kriminellen („Rimi, an Albanian“, „a pimp, a man of no scruples“) noch an dem Bus abgefangen, mit dem sie – ohne die nötigen Papiere – eingeschleust wurden. Sie selbst sind dabei passiv, entsprechend können sie – wie Gepäckstücke – entgegengenommen werden („they were taken over“).

Rutvica Andrijašević hat die Perspektive dieser Frauen im Rahmen ihrer Feldforschungen erfragen können: Sie waren bei ihrer Einreise volljährig und mit gültigen Visa ausgestattet, nach deren Auslaufen sie später im Land blieben. Ihre Migration war sorgfältig vorbereitet.

2 Aus *Il Resto del Carlino*, 18.07.1999, zit. nach: Rutvica Andrijašević: *Migration, Agency and Citizenship in Sex Trafficking*. Chippenham / Eastbourne: Palgrave Macmillan 2010, S. 26.

Eine von ihnen war bereits zu einem früheren Zeitpunkt in der Straßenprostitution in Italien tätig gewesen und war entsprechend gut über die Situation und die Beschäftigung dort informiert. Mit ihrer Freundin hatte sie dieses Wissen geteilt. Die Straßenprostitution bewerteten sie als eine annehmbare Möglichkeit, um nach Italien zu gelangen und dort Geld zu verdienen. Im Rahmen der prekären Aufenthalts- und Beschäftigungssituation in Italien wurden sie zu einem späteren Zeitpunkt Opfer von Menschenhandel und suchten sich dann gezielt Unterstützung.[3]

Der Zeitungsartikel geht über die individuellen Erfahrungen der Frauen, an denen er angeblich interessiert ist, hinweg und schreibt ihnen Musterbiografien zu, die dem Horizont des hegemonialen Menschenhandelsnarrativs, aber nicht ihrer konkreten Lebensgeschichte entstammen. Genau diese eigensinnigen Momente aber, die in dem Artikel eingeebnet wurden, begründen die oben angedeutete Auseinandersetzung über die Deutungshoheit zu den Themen Prostitution und Menschenhandel.

Gerade angesichts möglicher Effekte auf die Gesetzgebung und politische Reaktionen ist danach zu fragen, inwieweit und in welchen Fällen eine Repräsentation von Menschenhandelsopfern als Arbeiter_innen wünschenswert ist. Fraglich ist, wie ein sinnvoller analytischer und rechtlicher Umgang mit dem tatsächlichen Kontinuum von Zwang,[4] das bspw. von ökonomischem Druck und unbefriedigenden Alternativen – aufgrund derer eine Einwilligung in schlechte bis ausbeuterische Arbeitsbedingungen wahrscheinlich wird – bis hin zu extremer körperlicher und physischer Gewalt reicht, aussehen kann. Wie verändert sich die Perspektive, wenn die Betroffenen primär als Arbeiter_innen wahrgenommen werden, deren Arbeits- und Menschenrechte unzureichend geschützt werden?

Insbesondere die Entwicklung einer europäischen Politik gegen den Menschenhandel steht im Zentrum der Betrachtung, da innerhalb der Union auf dieser Ebene der Rahmen nationaler Gesetzgebung gegen den Menschenhandel bestimmt wird. Die Entwicklung einer gemeinsamen europäischen Politik zur Bekämpfung des Menschenhandels

3 Andrijašević: *Migration, Agency and Citizenship in Sex Trafficking*, S. 26–56.

4 Vgl. Julia O'Connell Davidson: Eine Frage der Einwilligung? Sexsklaverei und Sexarbeit in Großbritannien. In: Barbara Kavemann / Heike Rabe (Hrsg.): *Das Prostitutionsgesetz. Aktuelle Forschungsergebnisse, Umsetzung und Weiterentwicklung.* Opladen / Farmington Hills: Barbara Budrich 2009, S. 47–65, hier S. 61

folgt im Wesentlichen der UN.[5] Auf UN-Ebene wurde das Thema Menschenhandel mit der 49er Konvention[6] definiert und blieb hier auf Prostitution beschränkt. In Bezug auf die Frage, wie ein adäquater staatlicher Umgang mit Sexarbeit aussehen soll, blieb das Abkommen undeutlich.[7] Bis zu dieser Konvention herrschte in den Vereinbarungen das Bestreben vor, Immoralität und damit Prostitution in all ihren Formen zu bekämpfen.[8] Frühere internationale Vereinbarungen zielten auf die Kontrolle und Unterdrückung von Verhaltensweisen, die als gesellschaftlich ‚schädlich‘ galten. Sie stützten eine starre Geschlechterteilung, verlangten die staatliche Regulation von sexuellen Beziehungen und nahmen die Beschränkung weiblicher Bewegungsfreiheit in Kauf.[9]

5 Birgit Locher hat diese Entwicklungen nachgezeichnet, vgl. dies.: *Trafficking in Women in the European Union. Norms, Advocacy-Networks and Policy-Change.* Wiesbaden: VS 2007.

6 *UN Konvention zur Unterdrückung von Menschenhandel und der Ausbeutung der Prostitution Anderer* (1949). http://www.un.org/depts/german/uebereinkommen/ar317-iv.pdf (Zugriff am 14.06.2014).

7 Der Begriff der „Ausbeutung der Prostitution Anderer“ legte eine Unterscheidung zwischen akzeptabler und inakzeptabler Prostitution nahe und greift damit implizit die später verstetigte, doch weiterhin kontroverse Distinktion von „freiwilliger“ gegenüber „erzwungener“ Prostitution auf, vgl. Jo Doezema: Forced to Choose: Beyond the Voluntary v. Forced Prostitution Dichotomy. In: Dies. / Kamala Kempadoo (Hrsg.): *Global Sex Workers. Rights, Resistance, and Redefinition.* New York / London: Routledge 1998, S. 34–50, hier S. 38–39.

8 Vgl. Bärbel H. Uhl: Teil der Lösung oder Teil des Problems. Diskurse der internationalen und europäischen Menschenhandelspolitik über den rechtlichen und politischen Umgang mit Prostitution. In: Kavemann / Rabe (Hrsg.): *Das Prostitutionsgesetz*, S. 35–45.

9 Vgl. Deborah Stienstra: Madonna/Whore, Pimp/Protector: International Law and Organization Related to Prostitution. In: *Studies in Political Economy* 51 (2009), S. 183–217, hier S. 190–197. Das *Abkommen über Verwaltungsmaßregeln zur Gewährleistung wirksamen Schutzes gegen den Mädchenhandel* (1904) bspw. erlaubt im zweiten Teil, der sich auf eine verwaltungstechnische Vereinheitlichung bezieht, explizit die Abschiebung aller ausländischen Frauen, die der Prostitution nachgingen oder durch andere Verstöße gegen die herrschenden Konventionen auffällig wurden. Vgl. Barbara Brewster Lewis: Women Crossing Boundaries: A Field Report on the Paris Conference „Africans, Americans and Europe“. In: *African American Review* 26,3 (1992), S. 515–519; Jürgen Nautz: Frauenhandel und Gegenstrategien in Österreich. In: Ders. / Brigitte Sauer (Hrsg.): *Frauenhandel. Diskurse und Praktiken.* Göttingen: V&R Unipress 2008, S. 21–47; Esther Sabelus: *Die weiße Sklavin. Mediale Inszenierungen von Sexualität und Großstadt um 1900.* Berlin: Panama 2009, S. 82–89. Diese Logik setzt sich in den weiteren internationalen Entwicklungen fort und findet unter anderem auch im *Internationalen Übereinkommen zur Bekämpfung des Mädchenhandels* (1910) eine Fortsetzung, vgl. Uhl: Teil der Lösung oder Teil des Problems, S. 35–45.

Bis 1995 wurde Frauenhandel fast ausschließlich im Rahmen der Bekämpfung ‚illegaler Migration' und des organisierten Verbrechens thematisiert. Entsprechend blickt Marjan Wijers, ehemalige Präsidentin der Experts Group on Trafficking in Human Beings, kritisch auf diese Zeit zurück:

> […] the trafficking issue had kind of backlashed all over Europe in terms of trafficking being used as a political justification for anti-migrants and anti-sex work measures. And of course, it is such a 'nice' justification, you know we need to do this because trafficking is a horrible crime and we need to combat it…[10]

Was Wijers hier rückblickend beschreibt, entspricht kritischen Darstellungen des gegenwärtigen Menschenhandelsdiskurses, die jedoch ein kontinuierliches Fortwirken dieser engen Verknüpfung bis in die Gegenwart behaupten: Ihnen zufolge waren Migrations- und Menschenhandelsbekämpfung nicht nur bereits in den frühesten internationalen Abkommen gegen den Menschenhandel miteinander verflochten, sondern blieben es auch später noch – obwohl die Behauptung, dass Maßnahmen zur Migrationsabwehr gegen den Menschenhandel wirken würden, offensichtlich falsch ist.[11] Um den Menschenhandel ist demnach ein eigenwilliger Diskurs entstanden, der den Interessen verschiedener politischer Akteur_innen dient. Eines dieser Interessen ist das der Migrationsregulierung, also der Versuch, steuernd auf Migrationsströme einzuwirken, so, dass erwünschte Migration (die Einwanderung von gesuchten Fachkräften und Hochqualifizierten) gelingt, während die Einwanderung von

10 Wijers, zit. nach Rutvica Andrijašević / Claudia Aradau / Jef Huysmans / Vicki Squire: Unexpected Citizens: Sex Work, Mobility, Europe, http://www.enacting-citizenship.eu/index.php/sections/deliverables_item/398/ (Zugriff am 01.06.2014).

11 Vgl. beispielsweise Barbara Limanowska: Trafficking in Human Beings in South Eastern Europe, UN Children's Fund (UNICEF) 2005, http://www.refworld.org/docid/49997af71a.html (Zugriff am 07.08.2014). So gab es auch für die meisten Frauen, die Andrijašević befragte, keine legale Einreisemöglichkeit. Neben den finanziellen und persönlichen Aufwendungen, die mit der Anforderung verbunden sind, persönlich im zuständigen Konsulat zu erscheinen, konnten sie nicht alle notwendigen Dokumente vorlegen, um ein Touristenvisum für Italien zu erhalten. Dazu werden der Personalausweis, ein Einladungsschreiben von eine_r italienischen Bürger_in, ein Rückfahrticket, eine Bestätigung der Unterkunft, der Nachweis einer ausreichenden finanziellen Absicherung, eine Krankenversicherung und für eine entsprechende Erlaubnis zum Arbeiten bzw. Studium ein Arbeitsvertrag bzw. eine Immatrikulationsbescheinigung und ein Nachweis über eine ausreichende finanzielle Absicherung verlangt. Vgl. Andrijašević: *Migration, Agency and Citizenship in Sex Trafficking*, S. 38–39.

armen und ungebildeten Menschen verhindert wird. Die Diskriminierung unerwünschter Migrant_innen wird mit dem Verweis auf ihre Gefährdung durch den Menschenhandel zum Akt der Humanität verklärt.[12]

Die Einsicht, dass der behauptete Wirkungszusammenhang zwischen Migrations- und Menschenhandelsabwehr empirisch nicht haltbar ist, übersetzt sich nicht in Korrekturen bestehender Instrumente. Die Logik bleibt wirksam, obwohl selbst innerhalb der europäischen Kommission der Behauptung, dass dem Menschenhandel über Maßnahmen der Migrationsabwehr beizukommen sei, bereits vor einem Jahrzehnt deutlich widersprochen wurde.[13] Dieselben Sprecher_innen befürworten allerdings gleichzeitig Einzelmaßnahmen der Migrationsregulierung wie die Identifizierung von potentiellen Menschenhandelsopfern durch Grenzbeamt_innen.[14] Ein solcher Verdacht auf Menschenhandel mündet zumeist in der Rückführung der potentiellen Opfer. Dies bedeutet jedoch weder notwendigerweise ein Ende des Migrationsprojekts, noch einen Schutz vor zukünftigem Menschenhandel: Die Frau mit dem Pseudonym Kateryna, aus der Studie von Andrijašević, wurde auf dem Weg nach Italien beim illegalen Grenzübertritt ‚identifiziert'. Danach saß sie drei Wochen im Gefängnis, bis die Finanzierung ihrer Abschiebung geregelt war. In Folge einer solchen Festnahme wird eine Visa-Sperre verhängt, d.h. die Betroffenen können auch in den folgenden fünf Jahren nicht legal in

12 Vgl. Chandré Gould: The Problem of Trafficking. In: Ingrid Palmary / Erica Burman / Khatidja Chandler / Peace Kiguwa (Hrsg.): *Gender and Migration. Feminist Interventions.* New York: Zed Books 2010, S. 31–49, hier S. 47; Melissa H. Ditmore: Trafficking in Lives. How Ideology Shapes Policy. In: Kamala Kempadoo / Jyoti Sanghera / Bandana Pattanaik (Hrsg.): *Trafficking and Prostitution Reconsidered. New Perspectives on Migration, Sex Work and Human Rights.* Boulder / London: Paradigm 2005, S. 107–126; Rebecca Pates / Daniel Schmidt: Die Verwaltung der Prostitution – Sachsen, Polen, Tschechien. In: Kavemann / Rabe (Hrsg.): *Das Prostitutionsgesetz*, S. 77–84; Eva Bahl / Marina Ginal / Sabine Hess: Unheimliche Arbeitsbündnisse. Zum Funktionieren des Anti-Trafficking-Diskurses auf lokaler und europäischer Ebene. In: Sabine Hess / Bernd Kasparek (Hrsg.): *Grenzregime. Diskurse, Praktiken, Institutionen in Europa.* Berlin / Hamburg: Assoziation A 2010, S. 161–178.

13 Vgl. *Report of the Experts Group on Trafficking in Human Beings.* Brüssel: European Commission, Directorate-General Justice, Freedom and Security 2004, S. 11, 65–67. Vgl. auch die Rede von António Vitorino: *Towards a Common Migration Policy for the European Union Conference „Migrations. Scenarios for the 21 century".* Rom, 12.07.2000 (SPEECH/00/267).

14 Mike Dottridge: *Measuring Responses to Trafficking in Human Beings in the European Union: An Assessment Manual.* Brüssel: Consultancy for Directorate – General Justice, Freedom and Security, European Commission 2007, S. 35.

die EU einreisen. Wenige Wochen später folgte Kateryna Schmugglern zu Fuß über die slowenisch-italienische Grenze. „I was scared of being caught and sent back home. Because if they would have caught me, I would have had to do it all over again."[15] Der staatliche Versuch, ihre Einwanderung zu verhindern, erschwert das Vorhaben und bringt sie in eine verstärkte Abhängigkeit zu dritten Personen, auf deren Hilfe sie angewiesen ist, um die Migration zu realisieren. Es führt nicht zu einem Abbruch des Vorhabens.[16]

Tradierte Vorstellungen über Menschenhandel, denen zufolge im Regelfall organisierte kriminelle Gruppen Frauen zur Migration verleiten und in die Sexarbeit zwingen, implizieren ein Verständnis weiblicher Migration in die Sexarbeit, das sie auf nicht-einverständliche Handlungen, also die passive Opferrolle, festschreibt.[17] Die meisten Menschenhandelsopfer, die Andrijašević befragte, haben eine andere Biografie: Fast alle migrierten aus eigener Motivation und suchten selbstständig nach Möglichkeiten dazu. Im Gegensatz zu den spärlichen Beschäftigungsmöglichkeiten im Herkunftsland versprach eine Tätigkeit in Italien einen Gewinn, auf den zukünftige Projekte aufbauen können. Aber auch andere Motive, wie die Hoffnung darauf, in Europa einen interessanten Beziehungspartner zu finden, spielten eine Rolle, wie Andrijašević herausstellt. Auf die Hilfe von dritten Personen griffen sie zurück, weil sie die Erfordernisse für den offiziellen Weg nicht erfüllen konnten.[18]

Ausgebeutete, illegalisierte oder im Aufenthaltsstatus von ihren Arbeitgeber_innen abhängige Arbeiter_innen schrecken – in der Folge einer restriktiven Einwanderungspolitik, aufgrund von eigenen schlechten Erfahrungen im Umgang mit Behördenvertreter_innen und aus anderen Motiven – häufig davor zurück, staatliche Hilfe in Anspruch zu nehmen. Tatsächlich führen behördliche Eingriffe zumeist nicht zu einer Stärkung ihrer Arbeits- und sonstigen Rechte, sondern zu Abschiebung und Einwanderungsrestriktionen, Arbeitslosigkeit (durch Verlust der/des bisherigen ausbeuterischen Arbeitgeber_in) und mögliche Rache der Beschuldigten. Ihre schwache Position wird im Regelfall nicht durch eine lückenlose Anerkennung ihrer Rechte ausgeglichen. Öffentlichkeit stellt für die Mehrzahl

15 Andrijašević: *Migration, Agency and Citizenship in Sex Trafficking*, S. 41.

16 Vgl. ebd.

17 Vgl. ebd., S. 55.

18 Vgl. ebd.

der Opfer von Arbeitsausbeutung ohne entsprechenden Status viel mehr eine Gefahr dar als eine Möglichkeit, die eigene Stellung zu verbessern.[19] Gerade die Klandestinität ist aber eine Ermöglichungsbedingung für jene Lebenssituationen, auf die mit dem Begriff Menschenhandel verwiesen wird. Behördliche Eingriffe, die nicht zu einer Stärkung der Rechte führen, sondern zu Abschiebung, Einwanderungsrestriktionen und Arbeitslosigkeit, tragen zum Status quo bei.

Eine opferorientierte Reaktion auf den Menschenhandel müsste die Rechte der Betroffenen in ihr Zentrum stellen und auf eine Verbesserung ihrer Situation hinwirken. Jedoch bleiben die Maßnahmen des Opferschutzes weiterhin sehr begrenzt, während die Bekämpfung illegalisierter Einwanderung und organisierter Kriminalität konsequent betrieben wird.[20] Selten gelangen Einzelne über den Opferschutz in den Genuss staatlichen Schutzes und rechtlicher Anerkennung.

Die Definition des Palermo-Protokolls[21] (2000) bezieht andere Industrien (so sind beispielsweise Menschenhandel bei Erntehelfer_innen, bei Putzkräften, bei Bettler_innen, im Baugewerbe, in Sweatshops und in anderen Arbeitsgebieten auffällig geworden) und die Möglichkeit, dass Männer Opfer werden können, ein.[22] Seither wird, Bärbel Uhl zufolge, in „politischen Verhandlungen und Veröffentlichungen“[23] ein „Diskussionshabitus“[24] gepflegt, in dem „Menschenhandel in

19 Vgl. Jacqueline Bhabha: Border Rights and Rites. Generalisations, Stereotypes and Gendered Migration. In: Sarah van Walsum / Thomas Spijkerboer (Hrsg.): *Women and Immigration Law. New Variations on Classical Feminist Themes.* Oxon / New York: Routledge-Cavendish 2007, S. 15–34, hier S. 29.

20 Christina Boidi / Faika El-Nagashi: Es geht um Rechte, nicht um Opfer. Migrantische Ermächtigungsstrategien als feministisches Konzept der Gewaltprävention im Kontext des Frauenhandels. In: Birgit Sauer / Sabine Strasser (Hrsg.): *Zwangsfreiheiten. Multikulturalität und Feminismus.* Wien: Verein für Geschichte und Sozialkunde / Promedia / Südwind 2008, S. 187–203, hier S. 187.

21 Für das *Zusatzprotokoll zur Verhütung, Bekämpfung und Bestrafung des Menschenhandels, insbesondere des Frauen- und Kinderhandels, zum Übereinkommen der Vereinten Nationen gegen die grenzüberschreitende organisierte Kriminalität* (2000) ist die Bezeichnung *Palermo-Protokoll* geläufig.

22 Vgl. Jo Doezema: Now You See Her, Now You Don't. Sex Workers at the UN Trafficking Protocol Negotiations. In: *Social and Legal Studies* 14,1 (2005), S. 61–89. Vgl auch Uhl: Teil der Lösung oder Teil des Problems; Boidi / El-Nagashi: Es geht um Rechte, nicht um Opfer.

23 Uhl: Teil der Lösung oder Teil des Problems, S. 44.

24 Ebd.

allen Ausbeutungsformen"[25] diskutiert und „Prostitution als nur ein Ort von Menschenhandel"[26] verstanden wird. Der medial geführte Diskurs bediene sich jedoch weiterhin alter Vorstellungen. Uhl beschreibt, dass Fachpublikationen und Fachberatungsstellen diesen Darstellungen, die das Spektrum der Ausbeutungen, Zwänge und Gewaltformen auf ihre extremsten Formen verkürzen, beipflichten. Demnach hat sich nach Verabschiedung des Palermo-Protokolls ein zweiter, paralleler Diskursstrang etabliert, ohne das tradierte Verständnis zu verdrängen.

Ratna Kapur wirft dem Protokoll vor, dass es die freiwillige Migration von Frauen nicht grundsätzlich vom Menschenhandel unterscheide. Seine Beschränkung auf Fälle grenzüberschreitenden Menschenhandels schreibt ihn als ein Problem der (freiwilligen und unfreiwilligen) Migration fest.[27] Die Vermischung von illegalisierter Migration und Menschenhandel kritisieren auch Christina Boidi und Faika El-Nagashi. So erweitere sich der „Diskurs explizit auf Aspekte der Migration"[28] und diene der Legitimation staatlicher Kontroll- und Überwachungsmechanismen. Die Zustimmung zu Migration und zur ausgeführten Arbeit könne *de facto* zum Ausschluss aus Betreuungs- und Unterstützungsangeboten führen und werde systematisch delegitimiert, kritisieren Boidi und El-Nagashi. Von den Betroffenen werde erwartet, von allen eigenen Handlungen Abstand zu nehmen, da sie der Totalität des Opferstatus widersprächen. Stattdessen werden sie als Auswirkung früherer Traumatisierungen gedeutet.[29] Dies ist Claudia Aradau zufolge nur folgerichtig, da der Menschenhandelsdiskurs, wie sie nachweist, systematisch auf der Logik des Risikomanagements beruht:

> When agency exists even as a potentiality, they become risky beings. Trafficked women are risky only in relation to their agency as migrants. The political agency of the marginalised and the excluded, the powerless and the silenced is thus either effaced or pathologised, expunged from the truly political claims and implications it should have.[30]

25 Uhl: Teil der Lösung oder Teil des Problems, S. 44.

26 Ebd.

27 Ratna Kapur: Travel Plans: Border Crossings and the Rights of Transnational Migrants. In: *Harvard Human Rights Journal* 18 (2005), S. 107–138, hier S. 116.

28 Boidi / El-Nagashi: Es geht um Rechte, nicht um Opfer, S. 193.

29 Vgl. ebd.

30 Claudia Aradau: The Perverse Politics of Four-Letter Words: Risk and Pity in the Securisation of Human Trafficking. In: *Millenium: Journal of International Studies* 33,2 (2004), S. 251–277, hier S. 276.

Mit der Repräsentation als Opfer wird gleichzeitig eine von ihnen ausgehende Gefahr konstruiert. Personen, die um internationalen Schutz nachgesucht haben, gelten aus europäischer Perspektive als potentielle Kriminelle.[31] Aus diesem Grund plädiert Aradau für eine veränderte Perspektive auf das Problem, die auf den Arbeitsbegriff zurückgreift, um einen Kampf um Rechte zu ermöglichen. Dabei zielt sie auf eine Dekonstruktion der Grenzziehung zwischen riskanten Subjekten (Illegale, Sexarbeiter_innen etc.) gegenüber gefährdeten Menschenhandelsopfern ab.[32]

Mit dem Fokus auf die Betroffenen als Arbeiter_innen in einer globalisierten Gesellschaft und unter der Voraussetzung wirtschaftlicher Gefälle fügt sich die Auseinandersetzung in andere Diskurse über Arbeitsrechte ein und verschiebt den Fokus von individueller Täterschaft auf die strukturellen Grundlagen einerseits und auf die Möglichkeiten zur Verbesserung von Arbeitsbedingungen andererseits. Im Potential der Anerkennung von Arbeit liegt demnach eine Chance, die grundsätzlichen Rechte jener Menschen zu schützen, die bislang zumeist als Kriminelle behandelt oder auf eine Opferrolle reduziert werden. Die Freiwilligkeit, mit der Menschen in schlechte Arbeitsverhältnisse einwilligen, ist zwar relativ, wo es häufig nur unzureichende Alternativen zu geben scheint, allerdings darf diese Feststellung nicht paternalistische Politiken begründen. Reaktionen sollten, im Gegenteil, darauf abzielen, die bestehenden Handlungsräume zu schützen und zu erweitern und das Maß an Selbstbestimmung zu vergrößern. Wie die bis hierher geführte Diskussion gezeigt haben dürfte, ist eine Ausblendung der Interdependenz der verschiedenen Dimensionen von Ausbeutung und ihren Grundlagen gefährlich. Eine

31 So ist Strafverfolgungsbehörden seit 2009 der Zugriff auf die EURODAC-Datenbank, also ein Instrument der Asylpolitik, erlaubt, um Terrorismus und „schwere Kriminalität“ zu bekämpfen. Vgl. „Commission aims at intensifying fight against serious crime and terrorism by authorizing law enforcement authorities to consult fingerprints of applicants for international protection.“ (IP/09/1295 s. o.) und „Police cooperation: Allowing access to fingerprints stored in EURODAC by Member States' law enforcement authorities and by Europol“ (MEMO/09/382 s. o.); beide Pressemitteilungen sind online einsehbar unter http://europa.eu/rapid/search.htm (Zugriff am 08.08.2014); Vgl. „Vorschlag für einen Beschluss des Rates über die Beantragung eines Abgleichs mit EURODAC-Daten durch Strafverfolgungsbehörden der Mitgliedstaaten und Europol zu Strafverfolgungszwecken“ (COM(2009)344 final s. o.). http://eur-lex.europa.eu/legal-content/de/TXT/?uri=CELEX:52009PC0344 (Zugriff am 01.06.2014).

32 Aradau: The Perverse Politics of Four-Letter Words, S. 192.

vielversprechende Perspektive muss die Fragen der Gleichberechtigung, der Arbeitssicherheit, der Bewegungsfreiheit, der Selbstbestimmung und der grundlegenden Menschenrechte integrieren.
Auch die Interinstitutionelle Koordinierungsgruppe zur Bekämpfung des Menschenhandels stellt bei der Sichtung der bisherigen Menschenhandelsbekämpfung fest, dass die notwendigen Werkzeuge, die das Palermo-Protokoll ergänzen, im Rahmen von Menschen-, Flüchtlings-, Arbeitsrechten und anderen Gesetzen gegeben sind, aber einer konsequenten und kohärenten Umsetzung bedürfen.[33] So stellt sich die Frage, wie ein Rechtsstatus auch für diejenigen verankert und durchgesetzt werden kann, deren Anwesenheit von den Gesetzgeber_innen vielleicht nicht vorgesehen war? Die Forderung nach Möglichkeiten für Betroffene von Arbeitsausbeutung und Menschenhandel, ihre Rechte durchzusetzen, und die Anstrengungen um eine Entflechtung von Arbeits- und Aufenthaltsrecht[34] sind in diesem Sinne begrüßenswerte erste Schritte.

33 Vgl. ICAT (Inter-Agency Coordination Group against Trafficking in Persons): *The International Legal Frameworks Concerning Trafficking in Persons.* Wien: ICAT paper series 2012, S. 14.

34 So prüft derzeit bspw. das Land Brandenburg, ob die Übermittlungspflicht aufenthaltsrechtlicher Erkenntnisse an Ausländerbehörden entsprechend § 87 AufenthG eingeschränkt werden könnte. Vgl. Landtag Brandenburg: Antwort der Landesregierung auf die Kleine Anfrage 3298 des Abgeordneten Andreas Bernig Fraktion DIE LINKE (Drucksache 5/8495), http://www.parldok.brandenburg.de/parladoku/w5/drs/ab_8400/8495.pdf (Zugriff am 11.08.2014), S. 7.

Gemeinschaft der Zombies zwischen Werk und Entwerkung

Peter Schuck

Von Haiti ins Kino

Im geschichtsträchtigen Jahr 1929 machte die westliche Öffentlichkeit das erste Mal Bekanntschaft mit Zombies. Der Text, der dafür verantwortlich zeichnete, war William B. Seabrooks *The Magic Island*[1], buchförmiges und verkaufsstarkes Ergebnis der Haitireise des amerikanischen Lost-Generation-Autors. Neben dem haitianischen Vodoun-Kult, dessen Inspektion sich Seabrook vornahm, begegnete der reisende Weiße auch Zombies, so steht es im Text. Den Beschreibungen Seabrooks verdankt die westliche Öffentlichkeit die Impression jener auch wirklich Zombies genannten körperlich Untoten, die dezidiert mit der politischen und kulturellen Geschichte Haitis in Verbindung stehen und zum religiösen Inventar der haitianischen Vodoun-Religion avancierten. Es war auch Seabrooks Beschreibung von Zombies, die eine der wohl wirkmächtigsten Vorstellungen dieser Wesen ins westliche Imaginäre einpflanzte, nämlich die von Zombies als willenlose Arbeitssklaven, die einem oder einer MeisterIn unterstehen, der/die sie produziert hat und nun über sie gebietet. Es wären noch mehr Worte über den haitianischen Zombie zu verlieren und der Weg, den die Zombiefigur vom post- bzw. re-kolonialen Haiti um 1900 in die Kinosäle der westlichen Kulturindustrie genommen hat, detaillierter nachzuzeichnen. Festhalten möchte ich im hier gebotenen Kontext, dass man Zombies bis ins Jahr 1968 mit der Figur des Sklaven und des willenlosen Arbeiters assoziierte.

Die Zombiefigur hat es seit Seabrooks erstem klassischen Text zu einiger Berühmtheit auch im Kino gebracht, wurde in den Bestand des kolonial gefärbten amerikanischen Gothic Horrors aufgenommen und behielt bis in die Mitte des 20. Jahrhunderts jene Züge des post- bzw. rekolonialen untoten Arbeitssklaven oder zumindest willenlosen Hörigen, der das Werk eines Meisters zu verrichten hat. Produktiv waren diese Untoten allemal: werktätig, arbeitend; und das war

1 William B. Seabrook: *The Magic Island.* New York: Harcourt, Brace and Company 1929.

modern, da ihre Einsatzorte Stätten kapitalistisch-kolonialer Ausbeutung waren, zuvorderst Fabrik und Plantage. Im Jahr 1968 hingegen ändert sich das. Der Name des Ereignisses, mit dem die Zombiefigur eine radikale Umschrift erfuhr, lautet *Night of the Living Dead* (USA 1968, R: George A. Romero) Er bezeichnet den ersten großen Spielfilm des Pittsburgher Werbefilmers George A. Romero. Zur Handlung: Das weiße Geschwisterpaar Johnny und Barbra begibt sich auf einen Friedhof, um das Grab ihres verstorbenen Vaters zu pflegen. Auf einmal taucht am Horizont ein Mann auf, der sie anfällt, ein Zombie. Johnny kommt zu Tode, Barbra flüchtet sich in ein nahe gelegenes Farmhaus, wo sie kurz darauf auf den Afroamerikaner Ben trifft, der ebenfalls von den Zombies verfolgt wird. Ben verbarrikadiert das Haus, bald tauchen aus dem Keller weitere Überlebende auf: Das Ehepaar Harry und Helen Cooper und das Liebespaar Tom und Judy. Gemeinsam beschließt man, von dem Ort zu fliehen. Der Fluchtversuch aber scheitert, das Fluchtfahrzeug, ein Pick-Up, explodiert, Tom und Judy werden zerfetzt, Zombies wanken auf die Kadaverreste des Liebespaars zu und verzehren genüsslich das Menschenfleisch. Bald dringen die Zombies in das Haus ein, Ben bleibt nichts anderes übrig, als sich in den Keller zurückzuziehen. Er überlebt als einziger die Nacht der lebenden Toten. Am nächsten Morgen schießen Militärs, Polizisten und Waffenfreaks im Team Zombies wie Ungeziefer. Ben wird wach und schaut aus einem Fenster. Man hält ihn für einen Zombie und eine Kugel trifft ihn zwischen die Augen. Die letzten Bilder zeigen, wie Bens Leiche mit den geschossenen Zombies verbrannt wird.

Der Film hat mittlerweile Kultstatus und ist in die Sammlung des Museum of Modern Art aufgenommen worden. Nahezu jeder Zombiefilm, der nach 1968 entsteht, bezieht sich direkt oder indirekt auf dieses in vielerlei Hinsicht schockierende kinematographische Ereignis, das zugleich auch die Geburtsstunde eines neuen Kinos markiert, das auf die radikale Exponierung verwundeter, ausgeweideter, beschädigter Körperlichkeit setzt, mithin eine „neue Sichtbarkeit des Todes“[2] filmisch installiert. In diesem Film – das interessiert mich hier – manifestiert sich die *nicht* arbeitende, werk-*un*-tätige Dimension der Zombies als verfallene und leichenhaft Untote. Deshalb

2 Vgl. Kristin Marek / Thomas Macho (Hrsg.): *Die neue Sichtbarkeit des Todes*. München: Fink 2007.

sind Zombiefilme seit Romero zumeist auch apokalyptische Szenarien: Die Welt versinkt im Chaos, Städte stehen in Brand, einzelne Überlebende rotten sich in schon bald wieder zerfallenden Überlebensgemeinschaften zusammen, moralische Werte und Normen verdampfen im Kampf der Lebenden gegen die Untoten. Die Toten sind wiedergekehrt, und zwar massenhaft, ohne Grund, ohne Ziel, und das bedeutet: ohne Werk, das zu errichten, zu bewahren oder zu dem zurückzukehren wäre.

Ich möchte nun die Frage stellen, wie sich die Gemeinschaft der Zombies denken lässt abseits einer immanenten Werkhaftigkeit, wie sie vorzustellen wäre im Hinblick auf ihre Tendenz, jedes Werk zu zerstreuen. Ich denke, dass Zombies jenen notwendigen und doch gefährlichen Posten beziehen, der jede Form von Gemeinschaftsbildung – und auch Massenbildung – erst ermöglicht und verunmöglicht. Von ihr – vom inklusiv-exklusiven Bezug aufs Unmögliche – derivieren alle möglichen (auch menschlichen) Gemeinschaftsformen auch insofern sie von ihr konstitutiv bedroht werden. Sie bildet den wunden Punkt, an dem Gemeinschaft zugleich entsteht und vergeht. Als massenhafte Zerstörungsoperatoren scheinen mir die Zombies deshalb ebenso nur mangelhaft erfasst wie als Figuren eines neuen Kollektivs, das sich als utopisch realisierte kommende Gemeinschaft werkhaft von der maroden Gemeinschaft der Menschen abhebt.[3] Obgleich derlei Bestimmungen versuchen, die Idee einer menschlichen Gemeinschaft hinter sich zu lassen oder zumindest zu kritisieren, bleiben sie doch einer Metaphysik des Werks verhaftet, einer Metaphysik der Präsenz und nicht zuletzt einer Metaphysik der Arbeit und der Gemeinschaft, die auch die Nicht-Arbeit zur Arbeit erhebt, indem das Werk der kommenden Gemeinschaft der Zombies realisiert wird.

Night of the Living Dead wirft mit den Zombies anderes auf die Leinwand. Ob ihrer aporetischen Stellung als Untote gerieren Zombies gerade als Figuren, die sich *weigern*, an einem Werk zu partizipieren und zu arbeiten. Sie verstricken sich damit allerdings in die Aporie,

3 Diese These vertritt unter anderem Tyson Lewis in Anlehnung an Giorgio Agambens Idee einer kommenden Gemeinschaft: Tyson E. Lewis: Ztopia: Lessons in Post-Vital Politics in George Romero's Zombie Films. In: Stephanie Boluk / Wylie Lenz (Hrsg.): *Generation Zombie. Essays on the Living Dead in Modern Culture*. Jefferson, NC: McFarland 2011, S. 90–100, hier S. 95–98. Vgl. Giorgio Agamben: *Die kommende Gemeinschaft*, aus d. Ital. v. Andreas Hiepko. Berlin: Merve 2003.

dass reine Werklosigkeit – und damit eine Gemeinschaft ohne Werk oder Kern – nicht gedacht werden kann, ohne dass man sie sich wieder als Werk – als etwas, das in irgendeiner Weise ist – vorstellt. Gerade aber als unentschiedene Untote partizipieren Zombies am Einbruch des *Anderen* ins Werk, haben Teil an etwas, das jede Teilhabe negiert. Ziel dieses Aufsatzes wird sein, einen Begriff der Gemeinschaft der Zombies anzureißen, der ihrem aporetischen Untotsein Rechnung trägt und nicht in Kategorien der Repräsentationalität metaphysisch zurückfällt. Zunächst konturiere ich den Gemeinschaftsbegriff von Maurice Blanchot, der mir für dieses Vorhaben hilfreich erscheint. Im zweiten Teil des Aufsatzes setze ich diesen in Beziehung zu *Night of the Living Dead*, den Zombies und zum Motiv der Hand, das in der phänomenologischen Tradition das substantielle Subjekt metonymisiert, Zeichen von Handlungsfähigkeit und Werktätigkeit ist, und das in *Night of the Living Dead* eine radikale Entwerkung erfährt. Die untote Hand wird zur Allegorie einer entwerkten Gemeinschaft der Zombies, die nur in einer drastischen Aporie zwischen Werk und Nicht-Werk, Leben und Tod besteht und zugleich nicht besteht.

Blanchots unmögliche Gemeinschaft (der Zombies)

Maurice Blanchot hat in offener Kommunikation mit Georges Bataille, Emmanuel Lévinas und Jean-Luc Nancy einen Begriff der Gemeinschaft ‚erarbeitet', der jedem Denken von Erarbeitung spottet. Blanchots Gemeinschaft beschreibt der deutsche Übersetzer und Herausgeber von Blanchots Gemeinschafts-Buch Gerd Bergfleth missmutig wie polemisch als „Gemeinschaft der Zombies"[4]. Mit dieser Polemik trifft Bergfleth dennoch ins Herz dessen, was Zombies als Untote zu denken aufgeben: die werklose, untätige Gemeinschaft als ontologische und insofern unauflösbare Paradoxie, die mit der Integration des nicht integrierbaren Anderen, dem Tod rechnet. Der kalte Stern, unter dem Blanchots Gemeinschaft steht, ist die Entwerkung, das Sein ohne Werk und Sinn, ohne Arbeit und Produktion, das *désoeuvrement*.

4 „Diese Gemeinschaft wird also im Unterschied zur werktätigen Gesellschaft als eine ‚werklose' bezeichnet, und wenn wir uns allein auf die Gemeinschaft der Zombies verließen, wäre das auch einsichtig, denn was ist ‚entwerkter', abgewrackter als die Scheinlebigkeit der Untoten?" (Gerd Bergfleth: Blanchots Dekonstruktion der Gemeinschaft. In: Maurice Blanchot: *Die uneingestehbare Gemeinschaft*, aus d. Franz. v. Gerd Bergfleth. Berlin: Matthes & Seitz 2007, S. 110–183, hier S. 171.)

> Wenn aber die Beziehung des Menschen zum Menschen aufhört, eine Beziehung zum Gleichen zu sein, sondern den Anderen als einen Unbeugsamen einführt, der sich in seiner Gleichheit stets asymmetrisch zu dem verhält, der ihn in Betracht zieht, dann setzt sich eine ganz andere Art der Beziehung durch und erzwingt eine andere Gesellschaftsform, die man kaum noch wagen wird, eine ‚Gemeinschaft' zu nennen.[5]

Diese Beziehung zum unbeugsamen Anderen wird an das von Bataille formulierte „Prinzip der Unvollständigkeit"[6] gekoppelt. Das meint nichts anderes, als dass es keine Vollständigkeit irgendeines Seienden gibt – das irgendwie betrauert oder wiedererlangt werden kann –, jedes Seiende ist bestimmt durch eine wesentliche Unvollständigkeit. Um diese Unvollständigkeit aufrecht zu erhalten, muss der Andere als unbeugsamer eingeführt, muss eine Gemeinschaft mit dem Anderen ‚hergestellt' werden, der gerade die Unvollständigkeit nicht tilgt, sondern vertieft:

> [E]s ist ein Prinzip, das die Möglichkeit eines Wesens beherrscht und regelt. Daraus ergibt sich, daß dieser Mangel aus Prinzip nicht mit einer Notwendigkeit der Vollständigkeit einhergeht. Das ungenügende Wesen sucht sich nicht mit einem anderen zu verbinden, um mit ihm zusammen eine ganzheitliche Struktur zu bilden. Das Bewußtsein des Ungenügens geht aus der Infragestellung seiner selbst hervor, die den anderen oder einen anderen braucht, um zustande zu kommen.[7]

Akzentuiert wird diese Infragestellung von Blanchot als Bestreitung. Er setzt sie damit gegenteilig zu Anerkennung und Intersubjektivität, die – wie Bergfleth kommentiert – wiederum eine „Form der Metaphysik der Subjektivität"[8] wären.

> Das Wesen strebt nicht nach Anerkennung, sondern nach Bestreitung: um zu existieren, begibt es sich zum anderen, der es bestreitet und es manchmal negiert, damit es nur in diesem Entzug zu sein beginnt, der ihm die Unmöglichkeit bewußt macht […] es selbst zu sein, als Ipse zu insistieren oder, wenn man so will, als separates Individuum: so wird es vielleicht ek-sistieren [sic!], sich als stets vorgängige Exteriorität erfahren oder als durch und durch zerborstene Existenz, die sich nur in dem Maße sammelt, wie sie beständig, gewaltsam und schweigend zerfällt.[9]

Blanchot schreibt eine Doppelung ein, eine Doppelung des Anderen, nämlich nicht bloß dessen Existenz, sondern dessen Abwesen

5 Blanchot: *Die uneingestehbare Gemeinschaft*, S. 12.

6 Ebd., S. 16.

7 Ebd.

8 Bergfleth: Blanchots Dekonstruktion der Gemeinschaft, S. 130.

9 Blanchot: *Die uneingestehbare Gemeinschaft*, S. 17.

im Sterben. Während die Anwesenheit des Anderen das Subjekt bestreitet, wird diese Bestreitung vertieft, indem der Andere stirbt. Es kommt zu einer Bestreitung der Bestreitung, ohne sich jedoch in eine Synthesis aufzulösen. Der Tod des Anderen zieht das Subjekt unverzüglich mit ins Sterben hinein, setzt es einem Abwesen aus.

> Was stellt mich denn am gründlichsten in Frage? Nicht mein Verhältnis zu mir selbst als endliches Wesen oder als Bewußtsein, dem Tod zu gehören oder zum Tode bestimmt zu sein, sondern meine Anwesenheit bei dem Anderen, der sich im Sterben absentiert. Anwesend dem nahezubleiben, der sich im Sterben endgültig entfernt, den Tod des Anderen auf mich zu nehmen als den einzigen Tod, der mich angeht, das ist es, was mich außer mich bringt und was die einzige Trennung ist, die mich in ihrer Unmöglichkeit dem Offenen einer Gemeinschaft öffnen könnte.[10]

Die Unterbrechung, die der Tod ist, ist hier der Moment, da die Gemeinschaft in einer Paradoxie begründet wird: Sie entsteht, *indem* sie vergeht. Es wird ein unendliches Spiel der Stellvertretungen in Gang gesetzt, dabei die Grenze zwischen Leben und Tod immer wieder überschritten und ausgehalten. Es ist ein geteiltes Abwesen, das das Erleben des Unendlichen des Abwesens beschreibt. Dies aber, so insistiert Blanchot, meint keine „Nichtsterblichkeit"[11] im Sinne einer Feststellung, dass das gestorbene Subjekt weiter lebt, weil ja die Gemeinschaft weiterlebt.[12] Nein, die Sterbeszene enthüllt nicht die Unendlichkeit der Gemeinschaft in der Stellvertretung, sondern deren unendlich geteilte Endlichkeit. Gemeinschaft gibt es nur in diesem aporetischen Prozess des Zugleichs von Anwesen/Abwesen, darin die ‚Mitglieder' der Gemeinschaft einander unaufhörlich ‚durch- oder ansterben' und ineinander enden. Die Gemeinschaft ‚lebt', indem und sofern sie stirbt, indem und sofern sie die Unterbrechung einer jeden bestehenden Gemeinschaft markiert. Die Trennung ist der Tod, der jeder Verbindung als grundlegende Entgründung vorausgeht.[13] Das geht ins Herz des Werkbegriffs:

10 Blanchot: *Die uneingestehbare Gemeinschaft*, S. 21–22.

11 Ebd., S. 23.

12 Vgl. ebd.

13 „Die […] Nichtbeziehung […] zum Anderen verläuft nicht über das Hegelsche Modell der Anerkennung, in der ich mich in meiner Subjektivität bewahre, sondern über das von Levinas entwickelte seiner vorrangigen Exteriorität, die mich in meiner autonomen Existenz von außen anfällt und bedroht. Das Paradigma solcher Vorgängigkeit ist der Tod, oder genauer das Sterben des Anderen." (Bergfleth: Blanchots Dekonstruktion der Gemeinschaft, S. 131.)

> Im Unterschied zu einer sozialen Zelle untersagt [die Gemeinschaft, P. S.] sich, ein Werk zu schaffen, und sie hat keinerlei Produktionswert zum Ziel. Wozu dient sie? Zu nichts, wenn nicht dazu, den Dienst am Anderen bis in den Tod hinein gegenwärtig zu halten, damit der Andere nicht einsam zugrunde gehe, sondern sich dabei vertreten findet, wie er gleichzeitig einem Anderen diese Stellvertretung gewährt, die ihm zuteil geworden ist.[14]

So ist die Gemeinschaft „nicht der Ort der Souveränität. Sie ist das, was aussetzt, indem sie sich aussetzt. Sie schließt die Exteriorität des Seins ein, die sie ausschließt."[15] Dieser Einschluss der Exteriorität meint den Einschluss des nicht einzuschließenden Anderen und/als des/der Tod/es, der jede Möglichkeit von Interiorität von vornherein blockiert.[16] Es geht um

> das Dem-Tode-Ausgesetztsein, nicht mehr das meine, sondern das des Anderen, dessen lebendige und allernächste Anwesenheit bereits die ewige und unerträgliche Abwesenheit ist, die, die keine Trauerarbeit vermindert. Und im Leben selbst muß diese Abwesenheit des Anderen angetroffen werden; mit ihr – ihrer ungewöhnlichen Anwesenheit, die stets unter der vorausgehenden Drohung eines Verschwindens steht – spielt sich Freundschaft ab und verliert sich in jedem Augenblick wieder, eine Beziehung ohne Beziehung oder andere ohne andere Beziehung als die inkommensurable […].[17]

Blanchot betont die Asymmetrie, die der unbeugsame Andere in mich einführt, sie ist zugleich Kommunikation und Zerreißung,[18] eine Dekonstruktion als Bewegung des Verendens als Entstehen. Die ‚Mitglieder' der Gemeinschaft werden im *Bezug aufeinander voneinander getrennt.* Auf diese Weise wird jeder für jeden ein durch seine Endlichkeit unerreichbarer, aufgeschobener Anderer, der sich kontinuierlich absentiert. Eine Gemeinschaft von einander Anderen mit dem/durch den Tod. Die Gemeinschaft ‚gestaltet' sich durch ein Wachstum des Abwesens, es gerät in eine dauerhafte Selbstüberholung: „Kein Ende, wo die Endlichkeit herrscht."[19] Gemeinschaft erfüllt sich „in dem, was sie gerade begrenzt", sie findet ihre „Souveränität in dem, was sie abwesend und nichtig macht",[20] die Anwesenheit dieses Abwesens, das Drängen der Trennung in der/als ‚Vereinigung'

14 Blanchot: *Die uneingestehbare Gemeinschaft*, S. 25.
15 Ebd., S. 26.
16 Vgl. ebd.
17 Ebd., S. 48.
18 Vgl. ebd., S. 43.
19 Ebd., S. 39.
20 Ebd.

gebiert eine Gemeinschaft der Zombies, die „uns alle tendenziell in Untote verwandelt[.]“[21] Kaum eine Figur exponiert das besser als der Zombie. Der untote Zombie ist schon als ein einziger Körper Gemeinschaft und nur gemeinschaftlich zu denken. Deshalb sind Zombies stets viele.

Hände – *Night of the Living Dead*

R. H. W. Dillard hatte in seiner Interpretation von *Night of the Living Dead* in Anlehnung an eine Arbeit des Filmkritikers Eliot Stein die gewaltförmige Umschrift der menschlichen Hand beschrieben:

> Stein has pointed out how the film is ‚a symphony of psychotic hands – the house is surrounded by endless rows of ghastly grasping insatiable claws which poke through boarded windows and seize victims whose own hands are munched like hand-burgers.‘[22]

Dillard schreibt, dass die „hand, that most active and productive physical extension of the human mind, is rendered perversely in this film; its values are inverted.“[23] Und das stimmt: Ben nutzt vorerst seine Hände sehr effektiv, um das Haus zu verbarrikadieren, er tötet den ersten Zombie, der das Haus betritt mit einem Metallstab in seinen Händen. Aber die „hand loses practical and symbolical power“[24], die Zombies jagen ihre Hände durch die Wände, Ben ist gezwungen, zum Gewehr zu greifen und die Macht seiner Hände gegen die des Gewehrs auszutauschen, nachdem er so werktätig das Haus mit seinen eigenen Händen ‚abgesichert‘ hatte. Die Hände der Zombies orchestrieren nun ein „inexorable movement away from reason and value into mindless terror and loss of meaning. The eating of Judy's hand marks the final defeat of the hand as en effective emblem of rational and moral behavior.“[25] Mit der Hand, so lässt sich Dillards Beobachtung schärfen, wird die *Hand*lung des Films und die *Hand*lungsfähigkeit des Subjekts selbst kannibalisiert. Alles Praktische, das in dem Wort *Hand* schlummert – das Handliche, die Handhabung, auch die Handlung, oder im Englischen: die *Handyness*, die Praktikabilität –, wird entwerkt.

21 Bergfleth: Blanchots Dekonstruktion der Gemeinschaft, S. 170.

22 R. H. W. Dillard: Night of the Living Dead: It's Not Like Just a Wind That's Passing Through. In: Gregory A. Waller (Hrsg.): *American Horrors. Essays on the Modern American Horror Film*. Urbana / Chicago: University of Illinois Press 1987, S. 23.

23 Ebd.

24 Ebd.

25 Ebd., S. 24.

Night of the Living Dead als „symphony of psychotic hands", die alles Werk- und Subjektschöpfende gerade perforieren, wird zu einem Film des Durchstoßens von Wänden, Barrieren, Verkapselungen, Geschlossenem, Innerlichem. Die Hand wird in ihrer eigenen ursprünglichen Entwerkung deutlich, die jedes Berühren – jede Aneignung, jede Machtergreifung – buchstäblich von der Hand weist und entsprechend zum Abstand, zum Bruch, zur Diskontinuität hinlangt, worauf jede Kontinuität – und das heißt auch: jede Innerlichkeit, jede Subjektivität, jede Intentionalität, jedes Werk und jedes Werkschaffen, jede lebendige Erfahrung – exklusiv erst gründet.
Wenn die Hand nun nichts mehr errichtet, sondern nur noch entwerkt, kehrt sich in Romeros Kino das Werkschaffen gegen sich selbst. Die Desavouierung des Handlichen wird zu einer Allegorie – die selbst durch die Verstümmlung der Hand (ihren Verzehr oder ihre todbefallene Verwesung) gekennzeichnet ist und gerade insofern auf Endlichkeit, Abstand und Abwesenheit eines in sich präsenten, vollen Werks oder Sinns verweist: Mit der Zerstörung und dem Missbrauch der Hände, die für das Werkschaffen schlechthin stehen, setzt das Zombiekino gerade die Werklosigkeit, das Sein ohne Plan und ohne Ziel in Szene. Und in aller Konsequenz: Denn selbst das Nicht-Sein und das Planlose wären wieder – dialektisch gewendet – eine Form von negativem Plan. Die Hand zu essen und sie gegebenenfalls aufzuteilen, bedeutet gleichzeitig, die Werklosigkeit zu errichten, zu teilen bzw. das, was die Werkerrichtung erst ermöglicht, indem es sie blockiert, ‚auf-zu-teilen'. Die Gemeinschaft der Zombies ist eine zerstreute, die nicht die zerstörten Hände und Wände durch eine andere positiv bestimmbare Existenz ersetzt, sondern noch die Entwerkung entwerkt, indem sie ihre Gemeinschaft selbst nie zu einer positiven Existenz geraten lassen kann, da die Trennung durch den Tod selbst den uneinholbaren Ursprung der Gemeinschaft stellt. Geteilt wird nur die Teilung, der Abstand als gemeinschaftlicher und insofern schon nicht mehr gemeinschaftlicher Untod.

Diesseits und jenseits des Menschen und seiner Werke

Blanchots Denken der Gemeinschaft ist ein radikales, insofern es an der aporetischen Wurzel dessen ‚arbeitet', was in der Geschichte unter Gemeinschaft und Werk verstanden wurde. Die Kategorie der Endlichkeit, die Blanchot einführt, schneidet quer durch jede gelungene Repräsentation, die bereits ein Werkschaffen impliziert und ermöglicht, dass sich – wie etwa in postmarxistischen Diskursen immer wieder angedacht – ein Kollektiv von ArbeiterInnen qua Repräsentation erstellen kann.[26] Repräsentation der ‚Stellvertretung im Sterben' ist mit De-Präsentation gleichbedeutend und trägt den Aporien der Repräsentation – etwa der Unmöglichkeit, etwas ganz und gar mit sich identisch darzustellen – Rechnung, sofern die Unmöglichkeit der Repräsentation, die der Tod ist, als nicht zu assimilierender und doch konstitutiver Anderer eingeführt wird. Dieses Denken ist für rechte wie linke Essentialismen ebenso unbrauchbar wie für demokratisch-konsensorientierte. Denn es trägt die radikale Kontingenz und die Endlichkeit dort ein, wo sich Essentialismen und Ursprungsdenken erst herstellen. Es ist insofern auch ein Denken, das versucht, Gemeinschaft jenseits hegemonialer oder autoritärer Strukturen, jenseits von Utopie, (Rassen-, Geschlechter-, und Klassen-)Ideal, Geheimnis und Immanenz zu denken. Dabei stößt es an die Grenze des Todes und findet damit gleichsam eine Öffnung aufs Unmögliche. In der Gemeinschaft der Zombies gibt es nur noch die Todesgrenze, die den Ursprung entzweit und das Ende enthauptet; die Grenze, an der jedes Arbeiten – jedes Werkschaffen und jede Repräsentation – sich gegen sich selbst verkehrt.

Wollte man die mit Romero einsetzende Wendung vom sklavischen Zombie zum massenhaft-entwerkenden Zombie teleologisch verstehen, kann man behaupten, dass mit dem entwerkenden Zombie Romeros die für jedes Werk, jede Arbeit konstitutive Unmöglichkeit lanciert und ausgeführt wird. Es geht auch um die Eröffnung von Möglichkeitsräumen, die mit der Unentscheidbarkeit der Zombies gegeben wird, ohne aber eine vollkommene Realisierung zu finden, was einerseits deren Potential, andererseits deren Tragik ausmacht. Wenn sich Gemeinschaften stets durch ein Werk, einen Sinn, ein Zentrum oder ein Ideal auszeichnen, das notwendigerweise oder potentiell dazu führt, dass es zu Hierarchien, Ausschluss, Dämonisierung oder gar Genozid kommen kann, ist die Gemeinschaft der Zombies – und Zombies sind Figuren der Moderne, also auch Figuren unserer

26 Gayatri Spivak unterscheidet zwei Bedeutungen des Repräsentationsbegriffs: „Repräsentation als ‚sprechen für', wie in der Politik, und Repräsentation als ‚Re-präsentation', als ‚Dar-stellung' bzw. ‚Vorstellung', wie in der Kunst oder der Philosophie." (Gayatri Spivak: *Can the Subaltern Speak? Postkolonialität und subalterne Artikulation*, aus d. Engl. v. Alexander Joskowicz / Stefan Nowotny Wien: Turia + Kant 2008, S. 29.)

Zeit – qua Untotsein das, was jede Gemeinschaftsform ermöglicht und gleichsam bedroht. Auch wenn Zombies immer wieder metaphorisch für etwa das ausgebeutete Proletariat oder die revolutionäre Masse gelesen wurden, verweisen sie doch stets auf den sensiblen und aporetischen Grund dieser Formationen. Insofern manifestiert die Gemeinschaft der Zombies die mit der historischen, diskursiven, ideologischen Konstruktion des ‚Menschen' – etwa als *homo ludens*, *homo oeconomicus* und *homo faber* – aufkommende Angst vor der Entwerkung als Potential, ‚den Menschen', seine Gemeinschaften und die damit verbundenen totalitären Gefahren hinter sich zu lassen, ohne aber an ein Ziel zu gelangen. Insofern bezeichnen Zombies das politische Schicksal und Potential der Moderne: „[D]er Mensch verschwindet wie am Meeresufer ein Gesicht im Sand"[27], schreibt Foucault; die inhumane Gemeinschaft der Zombies nimmt das auf dekonstruktive Weise ernst und – so variiere ich die letzten Worte aus Blanchots Gemeinschafts-Buch – lässt uns wissen,

> daß sie auch eine zwingende politische Bedeutung hat und daß sie uns nicht erlaubt, uns nicht für die Gegenwart zu interessieren, die, indem sie unbekannte Räume der Freiheit eröffnet, uns für neue, stets bedrohte, stets erhoffte Beziehungen verantwortlich macht, zwischen dem, was wir Werk nennen, und dem, was wir Werklosigkeit nennen.[28]

27 Michel Foucault: *Die Ordnung der Dinge*, aus d. Franz. v. Ulrich Köppen. Frankfurt am Main: Suhrkamp 1971, S. 462.

28 Blanchot: *Die uneingestehbare Gemeinschaft*, S. 97–98.

Wi(e)der die Entfremdung?
Arbeit und Leben in der Gegenwartsliteratur

Cora Rok

Wurde Industriearbeitern bis spät in die 1970er Jahre noch Entfremdung im Marx'schen Sinne vom Produkt, von sich und ihren Mitmenschen aufgrund maschineller Arbeitsteilung, fragmentiertem, fremdbestimmtem, monotonem Produktionsprozess und mangelnder Aneignungsmöglichkeiten attestiert,[1] scheint es heutzutage wenig plausibel, das Entfremdungstheorem des 19. und frühen 20. Jahrhunderts auf den „modernen Arbeitskraftunternehmer"[2] oder das „unternehmerische Selbst"[3] zu beziehen. Die Arbeitsbedingungen in einer postfordistischen Dienstleistungsgesellschaft im Zeitalter der New Economy, der immateriellen und digitalen ‚Wissens'-Arbeit haben sich grundlegend gewandelt, gegenwärtige Unternehmenskulturen haben die Kapitalismuskritik, insbesondere die sogenannte Künstlerkritik, wie Luc Boltanski und Ève Chiapello[4] herausarbeiten, absorbiert. In der Tat scheint es, als seien die Chancen auf Selbstbestimmung und Selbstverwirklichung nie größer gewesen. Gegenwärtige Arbeitswelten bieten dem Individuum „neue Selbstständigkeiten"[5], die dem Auftreten von Entfremdungserscheinungen entgegenzuwirken scheinen: Entfaltungs- und Partizipationsmöglichkeiten, flache Hierarchien, Zugeständnisse der Nonkonformität, abwechslungsreichere, kreative Aufgabenbereiche, eine Ent-Ortung des Arbeitsplatzes durch die Technisierung und Digitalisierung, was zur Auflösung zeitlicher Begrenzungen des Arbeitstages führt und die Selbstorganisation und

1 Vgl. Karl Marx: Ökonomisch-philosophische Manuskripte. In: Ders. / Friedrich Engels: *Marx-Engels-Werke* (*MEW*), Bd. 40. Berlin: Dietz 1968, S. 465–588, hier S. 514.

2 Günter Voß / Hans Pongratz: Der Arbeitskraftunternehmer. Eine neue Grundform der „Ware Arbeitskraft"? In: *Kölner Zeitschrift für Soziologie und Sozialpsychologie* 50,1 (1998), S. 131–158.

3 Ulrich Bröckling: *Das unternehmerische Selbst.* Berlin: Suhrkamp 2007.

4 Vgl. Luc Boltanski / Ève Chiapello: *Der neue Geist des Kapitalismus.* Konstanz: UVK 2003, S. 80. Während die *Sozialkritik* die soziale Ungleichheit und Verarmung anprangerte, forderte die *Künstlerkritik* die Aufhebung der Unterdrückung der Autonomie, Kreativität und authentischer Selbstverwirklichung durch die fordistische Arbeitsteilung, vornehmlich Ideale der Künstler, Intellektuellen und Bohème.

5 Voß / Pongratz: Der Arbeitskraftunternehmer, S. 6.

Eigenverantwortung in der Erledigung der Aufgaben fordert. Dass das Thema Entfremdung dennoch nicht ad acta gelegt wurde, beweist zunächst ein Blick auf die Veröffentlichungen von Rahel Jaeggi[6] und Hartmut Rosa[7], die den Entfremdungsdiskurs zeitgemäß zu aktualisieren suchen, als auch der Blick auf die Gegenwartsliteratur, die die Themen Arbeit und Entfremdung in den letzten zehn Jahren verstärkt aufgegriffen hat.

Die soziologisch-philosophische Beschäftigung mit den Pathologien des Durchschnitts-Westlers finden bei jenen Anklang, denen das Lamento des Ödön von Horváth, „Ich bin nämlich eigentlich ganz anders, aber ich komme nur so selten dazu“[8], bekannt vorkommt und die bei Rosa den Fingerzeig auf die Fallen des beschleunigten Kapitalismus unserer Zeit und bei Jaeggi philosophische Ankerhaken finden, um ‚Grundbegriffe' wie Freiheit, Emanzipation, Selbstverwirklichung und Selbstbestimmung, sprich Leitideen der Aufklärung, zu hinterfragen, „die dem Deutungsmuster der Entfremdung in seinen verschiedenen Ausprägungen zugrunde liegen“[9]. Dabei sind sich Jaeggi und Rosa darin einig, dass eine intrinsisch motivierte, ungehinderte Aneignung der Lebenswelt das Komplement zur Entfremdung darstellt. Während Jaeggi jedoch in der Freiheit der Selbstbestimmung und vor allem in der Erkenntnis des individuellen Handlungspotentials das Antidot erkennt, sieht Rosa eine autonome Beziehung des Menschen zur Welt grundsätzlich durch ‚Beschleunigungsdynamiken' und ‚Steigerungszwänge' des wirtschaftlichen Wettbewerbs gefährdet.[10] Ihm zufolge sind es „*strukturelle* ‚Dynamisierungsimperative'“[11] wie Flexibilität und Mobilität, d. h. ein performatives, nicht positionales Arbeitsverständnis, die Aufgabe heimatlicher/sozialer Verwurzelung, generell kurzfristige Bindungen oder ‚lebenslanges'

6 Rahel Jaeggi: *Entfremdung. Zur Aktualität eines sozialphilosophischen Problems*. Frankfurt am Main: Campus 2005.

7 Hartmut Rosa: *Beschleunigung und Entfremdung*. Berlin: Suhrkamp 2013, S. 143.

8 Ödön von Horváth: Zur schönen Aussicht. In: Ders.: *Gesammelte Werke*, Bd. 1. Frankfurt am Main: Suhrkamp 1985, S. 133–208, hier S. 200.

9 Vgl. Jaeggi: *Entfremdung*, S. 13.

10 Hartmut Rosa: Kritik der Zeitverhältnisse. Beschleunigung und Entfremdung als Schlüsselbegriffe einer erneuerten Sozialkritik. In: Rahel Jaeggi / Tilo Wesche (Hrsg.): *Was ist Kritik?* Frankfurt am Main: Suhrkamp 2009, S. 23–54, hier S. 14.

11 Hartmut Rosa: Resonanz statt Entfremdung: Zehn Thesen wider die Steigerungslogik der Moderne. http://www.kolleg-postwachstum.de/sozwgmedia/dokumente/Thesenpapiere+und+Materialien/Thesenpapier+Krise+_+Rosa.pdf (Zugriff am 25.08.2014), S. 3.

Lernen[12] in der *flüchtigen Moderne*[13], die zu mangelnden ‚Resonanzerfahrungen' führen.[14] Jaeggi dagegen untersucht individuelle, aber typisierbare Bedürfnis- und Handlungsstrukturen in sozialen Rollen[15] und zeigt damit, dass Entfremdung im Grunde jeden auf individuelle Art und Weise treffen kann und ein Begriff ist, der über gesellschaftspolitische Situationen und Arbeitsbedingungen hinaus auf gestörte ‚Welt'- und ‚Ich-Verhältnisse' von Menschen verweist, die ihren Bedürfnissen, Lebensumständen, ihren Mitmenschen oder sich selbst als *fremd* gegenüberstehen und eine Form der Beziehungslosigkeit[16] beklagen. Um in diesem Kontext produktiv über Entfremdung zu sprechen und nach den Faktoren zu fragen, die eine ‚Anverwandlung' der Lebenswelt erschweren und Selbst-Welt-Beziehungen stören, bietet Marxens Gedankengut nach wie vor wertvolle Ressourcen für eine aktuelle Kapitalismuskritik.[17] Indem aber der Entfremdungsbegriff aus dem Kontext der industriellen Moderne gelöst und auf neue Unternehmenskulturen bezogen wird, kann nun vielmehr der Frage nachgegangen werden, ob die neuen Selbstständigkeiten und die Vereinnahmung der ganzen Person durch den Arbeitsplatz ebenfalls und nicht viel ausweglosere Entfremdungsfallen bereit halten, da sie sich in freiheitlich-autonome Gewänder kleiden.

Blickt man nun auf die literarischen Veröffentlichungen der letzten zehn Jahre, so lässt sich eine starke Präsenz wirtschaftlicher und arbeitsbezogener Themen konstatieren[18], wobei nicht nur prekär

12 Gilles Deleuze: Postskriptum über die Kontrollgesellschaften, aus d. Franz. v. Gustav Roßler. In: Christoph Menke / Juliane Rebentisch (Hrsg.): *Kreation und Depression. Freiheit im gegenwärtigen Kapitalismus*. Berlin: Kadmos 2012. S. 11–17, hier S. 13.

13 Zygmunt Bauman: *Flüchtige Moderne*. Berlin: Suhrkamp 2003.

14 Rosa: *Beschleunigung und Entfremdung*, S. 143.

15 Die Selbstentfremdung einer Frau, die emanzipiert sein will, aber immer in Gegenwart von Männern zum ‚Weibchen' wird, die Zerrissenheit des jungen Mannes, der mit Mähen des Gartens beschäftigt, sich nicht mehr vergegenwärtigen kann, wie er aus dem lockeren Studentenleben in das biedere Kleinstadtidyll gelangt war, etc.

16 „Entfremdung ist eine *Beziehung der Beziehungslosigkeit*." (Jaeggi: *Entfremdung*, S. 19.)

17 Jaeggi versuchte mit ihrem 2011 abgehaltenen Kongress *Re-thinking Marx* an der Humboldt-Universität, dessen Beiträge in dem Sammelband *Nach Marx. Philosophie, Kritik, Praxis*. Berlin: Suhrkamp 2013 erschienen sind, eben eine Wiederanknüpfung an Marxens Werk. Hier findet sich auch ein Beitrag von Rosa, in dem er Marxens Ökonomiekritik als „beschleunigungstheoretische Krisendiagnose" versteht, wobei das neoliberale Aktivierungsparadigma Klassengegensätze relativieren würde, vgl. Harmut Rosa: Klassenkampf und Steigerungsspiel: Ein unheilvolle Allianz. Marx' beschleunigungstheoretische Krisendiagnose. In: Ebd., S. 394–411.

18 Meine Recherchen beziehen sich auf den deutschen und italienischen Sprachraum.

Beschäftigte und Arbeitslose, sondern auch höhere Angestellte (des Kreativsektors), Manager und Unternehmer zu Protagonisten von Entfremdungsszenarien aufgestiegen sind. Ist für gewöhnlich bei den Erstgenannten ein geringer Handlungs- und Entfaltungsspielraum durch Ausbeutung, Unterbezahlung, Mangel an Selbsteinbringung sowie schlicht die Abwesenheit von einem rahmengebenden Arbeitsverhältnis Grund für Entfremdung, so lassen sich bei letztgenannten nicht sogleich mit marxistischen Formeln die Ursachen bestimmen, die die Protagonisten in die Entfremdungsfalle locken. Grundsätzlich steht zudem auch für beide Gruppen zur Debatte, inwiefern sich die doch mündigen Subjekte selbst in die Handlungsohnmacht hineinmanövriert haben. Rosas und Jaeggis Entfremdungskonzepte können dabei als Interpretationshilfen für ein Bewertungsschema der Romane fruchtbar gemacht werden. Die Leitfragen meines Beitrags lauten folglich: Was kann die Literatur, die (auto)biographische sowie die fiktive Literatur, heute über Entfremdung in Arbeitskontexten aussagen, nehmen wir sie als authentische Tatsachenberichte oder doch als verfremdete, karikierte, überspitzte Zerrspiegel unserer Lebenswelt? Welches Potential hat sie? Kann sie Zusammenhänge zwischen gegenwärtigen Identitätskonstruktionen und Arbeitsbiographien aufdecken, kann sie durch erschütternde Einblicke aufrütteln oder gar Kräfte mobilisieren, werden Utopien entwickelt, die als realistische Alternativen Opposition beziehen?

„Das ist nicht befristete Arbeit, sondern befristetes Sein."

Zu den (auto)biographischen Dokumenten gegenwärtiger Arbeitserfahrungen gehören die zum Teil aus Blogs entstandenen Call Center-, Praktikanten[19]- und Büroromane[20] sowie literarisierte Interviews.[21]

19 Vgl. Michela Murgia: *Il mondo deve sapere.* Milano: ISBN 2006; Antonio Incorvaia / Alessandro Rimassa: *Generazione 1000 Euro.* Milano: Rizzoli 2006; Sebastian Thiel: *Call Center. Wer dranbleibt, hat verloren.* Berlin: Schwarzkopf & Schwarzkopf 2012.

20 Florian Illichmann-Rajchl: *Der weite Weg zum Wasserspender.* Wien: Metroverlag 2012; Anne Webers *Gold im Mund.* Frankfurt am Main: Suhrkamp 2005 beinhaltet ein Pamphlet über die Arbeit in einem Personalbüro („Liebe Vögel") und den Selbstversuch, sich in einem Großraumbüro schriftstellerisch zu betätigen.

21 Vgl. Kathrin Röggla: *Wir schlafen nicht.* Frankfurt am Main: Fischer 2004; Aldo Nove: *Mi chiamo Roberta, ho quarant'anni, guadagno 250 euro al mese.* 2., veränd. Neuaufl. Massa: Transeuropa 2011. Hier werden Autoren nicht nur zum Sprachrohr von Arbeitnehmern aus verschiedenen Branchen und Gehaltsklassen, sondern rekontextualisieren und poetisieren deren heterogene Äußerungen, sodass eine homogene Gruppe entsteht.

Die Autoren und Autorinnen der Selbsterfahrungstexte sind häufig junge Akademiker, die ihre Frustration über die „Zwischenzone uneindeutiger Erwerbsläufe“[22] zwischen (geisteswissenschaftlichem) Studium und stabilen, aber vor allem den eigenen Bedürfnissen angemessenen Einkommensquellen artikulieren. Die wiederkehrenden Themen sind Zukunftsängste und Geldsorgen, WG-Wohnen und die Abwesenheit von erfüllenden Liebesbeziehungen, die detaillierte Beschreibung und Analyse von Aufgabenbereichen wie Produktmanagement oder Telefonjobs und vor allem die Ausbeutung billiger und zugleich qualifizierter Arbeitskräfte. Widerstände dagegen machen sich auf verschiedene Arten bemerkbar.

Michela Murgia malt sich in ihrem Bericht, der als Blog die Aufmerksamkeit der Öffentlichkeit geweckt hatte, das Aufbegehren mit ihren Kolleginnen und den gemeinsamen Exodus aus der Knechtschaft des Call Centers aus, versagt aber darin, ihre umstürzlerischen Gedanken, die, so könnte man sagen, von ‚Klassenbewusstsein‘ zeugen, in die Tat umzusetzen. Die Kündigung ist ihre letzte Handlung, so enden ihre Aufzeichnungen. Nach Erscheinen des Buchs ist die studierte Theologin der Kritik an ihrer ironischen und sarkastischen Ausdrucksweise, mit dem sie die Abläufe innerhalb des Call Centers beschrieben hatte, ausgesetzt und rechtfertigt in ihrem Nachwort das abrupte Ende sowie den Tonfall damit, dass gerade im „Verstehen ohne darauffolgende Handlung“ der Sinn zu suchen wäre und durch das (An)Schreiben (stets gewendet an die beste Freundin) schlicht einer „Empörung Luft gemacht“ werden konnte, die, wäre sie nur ausgehalten worden, „krank gemacht hätte“.[23] Liest man die Beschreibungen des Call Center-Alltags, so mag man ohne Umschweife Marx folgend von entfremdeter Arbeit sprechen – Camillas (Murgias Alter Ego) höhnischer Tonfall allerdings ist der Versuch, entfremdetes, d. h.

22 Berthold Vogel: Prekarität und Prekariat – Signalwörter neuer sozialer Ungleichheiten. In: Robert Castel / Klaus Dörre (Hrsg.): *Prekarität, Abstieg, Ausgrenzung: Die soziale Frage am Beginn des 21. Jahrhunderts.* Frankfurt am Main: Campus 2009, S. 197–208. Vogel differenziert in seinem Essay die gängigen Vorstellungen von Prekarität: das Prekariat als das „neue Proletariat“, als „Fragmentierung der Mitte“ in Form von abstiegsbedrohten *Driftern* sowie als „neue Soziallage“. In letzte Kategorie fallen agile *Jobnomaden* oder durchsetzungsfähige *Pfadfinder*, die ihren Unterhalt durch den Wechsel von Minijobs, Praktika, Leiharbeit, befristete Tätigkeiten und staatliche Unterstützungsleistungen bestreiten. Bei ihnen ist die „Angst vor dem Abstieg“ ebenso präsent wie die „Hoffnung auf Stabilität und Aufstieg“. Die Autoren der genannten Gruppe fügen sich somit ins letztere Bild ein.

23 Vgl. Michela Murgia: *Camilla im Callcenterland.* Berlin: Wagenbach 2011, S. 132.

unterdrücktes, Bewusstsein zu überwinden und durch nicht ‚autorisiertes Sprechen'[24] Machtgefälle zu umgehen. Der performative Akt des Schreibens, der auch als Beichte über das Mitverschuldetsein an manipulativen Verkaufstechniken verstanden werden kann, ist allerdings die letzte Rettung zur Wahrung der personalen Integrität, bis die Erkenntnis, dass die Zwänge selbstauferlegte waren, zur einzigen Handlungsmöglichkeit, der Kündigung, führt.

Antonio Incorvaia / Alessandro Rimassa entwickeln nicht nur durch den Kanal des Schreibens, sondern schon innerhalb des Narrativs eigene Widerstandsstrategien gegen die ihnen widerfahrenden Ausbeutungserlebnisse. Incorvaia / Rimassa, deren Text auch zunächst im Internet kursierte, bevor er gedruckt wurde, imaginieren den „erste[n] landesweiten Streik der Praktikanten", der die Aufmerksamkeit auf diejenigen lenken soll, die in ihrem „ersten Kontakt zur Arbeitswelt"[25] auf eine befristete Stelle stoßen und keine Chancen auf Übernahme haben:

> Alle Stellen sind befristet, immer nur befristet. Keinerlei Garantien, nur Psychoterror, Erpressung, Bedrohung. Zeitverträge, die dich direkt aufs Abstellgleis befördern oder im besten Fall in andere Zeitverträge übergehen. Weder Zukunft noch Gegenwart lassen sich planen. Das ist nicht befristete Arbeit, sondern befristetes Sein. Ein Damoklesschwert, das ständig über deinem Kopf, deinem Ehrgeiz, deinen Plänen baumelt.[26]

Literarische Texte, die sich der offenen Kritik der Ausbeutung verschrieben haben, bewegen sich im Entfremdungsdiskurs noch nah am frühen 20. Jahrhundert. Murgia und Incorvaia / Rimassa ziehen Parallelen zu Überwachungs- und Disziplinierungsmaßnahmen, wie sie etwa von George Orwell und Ray Bradbury beschrieben wurden. Das Reflektieren der eigenen Lebensbedingungen und ihre Verknüpfung mit Motiven einer literarischen Tradition verweisen auf ein Selbstbewusstsein der jungen, schreibenden Arbeitnehmergeneration, die vor allem im Internet einen Ort der Selbsterhaltung und Selbstoffenbarung gefunden hat, über dessen Kanal negative Erfahrungen in Solidarität und Anerkennung umgearbeitet werden können.

24 Vgl. Pierre Bourdieu: *Entwurf einer Theorie der Praxis*. Frankfurt am Main: Suhrkamp 1976, S. 150.

25 Antonio Incorvaia / Alessandro Rimassa: *Generation 1000 Euro*, aus dem Ital. v. Claudia Franz. München: Goldmann 2007, S. 139.

26 Ebd., S. 140.

„Ich brauche Wettkampf als Motivation"

In den fiktiven Texten nun, die sich den Repräsentationen von gegenwärtigen Arbeitswelten widmen, stehen weniger prekäre, befristete und flexible Beschäftigungsverhältnisse im Vordergrund als vielmehr das Scheitern von Managern, Anwälten, höherer und niederer (fest) Angestellter. In Wilhelm Genazinos *Das Glück in glücksfernen Zeiten* ist Gerhard Warlich, dessen sprechender Name auf seinen Konflikt anspielt, Organisationsleiter einer Großwäscherei und spioniert während eines Arbeitstages den Wäsche-Ausfahrern hinterher, um zu überprüfen, ob sie sich nicht unangebrachte Pausen gönnen oder Privatangelegenheiten regeln. ‚Eigentlich' hat Warlich über Heidegger promoviert, dessen Gedankengut immer wieder zur Beschreibung existentieller, alltäglicher Probleme herangezogen wird. Durch ökonomische Notwehr in eine willkürliche Lohnarbeit gedrängt, sieht er sich ‚eigentlich' als „Philosoph", „Ästhet", „stiller Kommunikator" oder gar „Konzeptkünstler", [27] lebt in einer Großstadt, sehnt sich ‚eigentlich' nach einem anderen Lebensort, er hat eine Lebenspartnerin, mit deren Bedürfnissen er ‚eigentlich' gar nicht zurechtkommt, sodass er resignierend feststellt: „Auf diesem *eigentlich* beruht das halbe Leben!"[28] Warlich erlebt eine „metaphysische Bestürzung"[29] angesichts wachsender Unfreiheiten, die nicht nur von seiner Arbeitsstelle ausgehen – die seinem intellektuellen Anspruch nicht genügt und von der er sich als ‚Spitzel' missbrauchen lässt –, sondern von seinem, ihm als fremd gegenübertretenden Umfeld gemeinhin, das sich als einflussreicher erweist als seine Sehnsüchte („etwas ganz und gar Richtiges tun zu wollen"[30]), die er nicht in die Tat umsetzen kann. Nachdem Warlich während seiner Arbeitszeit als Zuschauer einer Anarchisten-Demo gesichtet und anschließend gefeuert wird, führt ihn seine psychische Instabilität in die Psychiatrie. Auch hier kann er nicht Herr über seine Entscheidungen werden und lässt die Versuche der Kontaktaufnahme durch andere Patienten duldsam über sich ergehen, bis er von der beglückenden Erkenntnis durchfahren wird, dass auch er „trotz allem, immer noch wählen [kann]", wie er

27 Wilhelm Genazino: *Das Glück in glücksfernen Zeiten*. München: Hanser 2009, S. 13–14.

28 Ebd., S. 19.

29 Ebd., S. 41.

30 Ebd., S. 42.

„in Zukunft leben will".[31] Dass am Ende die Aussicht auf die gegenwärtige Optionenvielfalt steht, aber keine Handlung im Sinne einer Entscheidung ‚für etwas' erfolgen kann, verweist auf eine Problematik der Suche nach ‚Eigentlichkeit', die auch in anderen Romanen thematisiert wird.

Auch in Thomas Melles *Sickster* endet der Protagonist Magnus Taue in der Psychiatrie, nachdem er als Industriejournalist für den „europaweit führenden Mineralkonzern und also für das Kapital an sich" gearbeitet hat:

> […] das bedeutete mehr Geld, also mehr Freiheit, aber auch weniger Zeit, also auch weniger Freiheit. Und es bedeutete eine noch größere Distanz zu seinen ursprünglichen Plänen. Zudem entsprach die Stelle nun gar nicht seinen Moralmaßstäben von sich selbst – nur, welcher Art waren diese noch einmal gewesen? Was nicht verschwamm, wurde verdrängt. Von irgendetwas musste schließlich jeder leben.[32]

Immer wenn Magnus mit der Geschäftsführung in London oder Berlin zusammentrifft, erlebt er dies als „ein Stück Niederlage, ein Stück Selbstverlust und eben einen weiteren kleinen, räudigen Seelenverkauf"[33]. In diesen Stresssituationen meldet sich sein Tinnitus, der „ihn an den Makel, der ihn mehr und mehr von der restlichen Welt trennte"[34], erinnert. Magnus schafft es nicht, zum Subjekt seiner Handlungen zu werden, etwaige Aneignungsmöglichkeiten erschließen sich ihm nicht. Resonanz im Sinne einer Responsivitätserfahrung findet er höchstens im Internet, dem „Forum depersonalisierter Fragmente und fragmentierter *personae*, körperlos, geschichtslos, und alles kann im nächsten Moment umschlagen in etwas anderes"[35]. Der „Identitätskarneval"[36] treibt ihn zunächst in die Paranoia, dann in die Schizophrenie bis hin zur völligen Depersonalisation und Derealisation.[37] Auch die beiden anderen Protagonisten des Romans erfahren Formen der Entfremdung. Thorsten, Manager des Konzerns und Vorgesetzter sowie ehemaliger Schulkollege von Magnus, hat

31 Ebd., S. 158.

32 Thomas Melle: *Sickster*. Berlin: Rowohlt 2011, S. 229–230.

33 Ebd., S. 263.

34 Ebd.

35 Ebd., S. 231.

36 Ebd., S. 263.

37 Dem *Diagnostic and Statistical Manual of Mental Disorders* (DSM-IV) zufolge sind dies Krankheitsbilder der dissoziativen Störung, nach denen eine Person sich ‚außer sich', bzw. ‚getrennt von ihrer Umwelt' empfindet.

seine Selbsttäuschung derartig perfektioniert, dass er seine Alkoholsucht und seine verdinglichende Erotomanie nicht zu reflektieren vermag. Laura, betrogene und belogene Freundin von Thorsten, sozial und emotional verwahrlost, balanciert auf dem schmalen Grat zwischen Selbsterkenntnis und dissoziativer Störung. Die Variation von Erzählperspektiven bezeugt die unterschiedlichen Grade der Selbstreflexivität; während Thorsten ausschließlich aus der auktorialen Sicht beschrieben wird, finden sich tagebuchähnliche Abschnitte aus der Ich-Perspektive bei Laura, aber in höchstem Ausmaß bei Magnus, die beide in ihrer Ich-Sezierung den Ursprüngen ihrer Handlungsohnmacht auf den Grund gehen wollen.

Mit der sozialen Rolle, in die Warlich und Magnus durch die (mehrjährige) Tätigkeit in einem Unternehmen, die sie patent aber unleidenschaftlich ausüben, hineingewachsen sind, können sie sich nicht identifizieren, was zu einer Selbstentfremdung und schließlich zu extremen Pathologien führt.[38] Dagegen scheint Thomas von Steinaeckers Protagonistin Renate Meißner in *Das Jahr in dem ich aufhörte mir Sorgen zu machen und anfing zu träumen* durch die Kündigung noch knapp einem Nervenzusammenbruch und einer Selbstaushöhlung zu entgehen. Im Unterschied zu Warlich und Magnus über-identifiziert sich Renate Meißner mit ihrer angeeigneten Rolle als stellvertretende Abteilungsleiterin in einem Münchner Versicherungskonzern und stellt zu Anfang des Romans deren Adäquatheit nicht in Frage. Renate Meißner – ebenso studierte Philosophin – braucht den „Wettkampf als Motivation“[39]. Sie ermahnt sich mit groben Schimpfworten zur Leistungssteigerung („Manchmal half mir das beim Fokussieren“[40]) und erstellt sich allabendlich „Performance-Eigenevaluationen“[41], die es ihr erlauben, sich „hinsichtlich Orientierung bzgl. der Abläufe“, „hinsichtlich der eigentlichen Tätigkeit, d. h. Leichenbeseitigung, Neupolicierung, Akquise etc.“, „hinsichtlich der eigenen Darstellung, d. h. von Renate Meißner, d. h. mir selbst, d. h. Kommunikation meiner Position gegenüber Kollegen bei Wahrung eines emotional angemessenen Verhältnisses“, und „hinsichtlich Abwehr von in diesem Rahmen

38 Vgl. Jaeggi: *Entfremdung*, S. 63–182 (Kap. II „Sein eigenes als ein fremdes Leben leben: Vier Fälle“).

39 Thomas von Steinaecker: *Das Jahr in dem ich aufhörte mir Sorgen zu machen und anfing zu träumen*. Frankfurt am Main: Fischer 2012, S. 29.

40 Ebd., S.19.

41 Ebd., S. 42.

Nebensächlichem, aber Nichtsteuerbarem, d. h. z. B. Erinnerungen"[42] selbst zu kontrollieren. Wirtschaftsvokabular wirkt sich auf Renates Wahrnehmungshorizont aus, sie taxiert die Menschen in ihrer Umgebung, also hauptsächlich ihre Kollegen, um versicherungstechnische Prognosen zu erstellen, zieht „Bilanzen"[43] über den vergangenen Party-Abend und verlässt sich auf Statistiken, um sich in Bezug auf ihr Leben Berechen- und Planbarkeit zu suggerieren. Die Verpflichtung zum Selbstmanagement und zur permanenten Selbstüberholung und -optimierung treiben Renate dabei an ihre psychischen Grenzen. In den Momenten, in denen ihre rationale Selbst- und Lebenskonstruktion ins Wanken gerät, wird sie sich ihrer Selbstentfremdung und ihrem Mangel an nichtverdinglichenden Interaktionsverhältnissen mit anderen Menschen gewahr. Die Selbstsuche, die Erkundung der ‚eigentlichen' Bedürfnisse und die Verarbeitung der Familiengeschichte rund um das mysteriöse Verschwinden der Großmutter lassen Renate von Möglichkeiten eines anderen, besseren Lebens (nicht auf die ‚Kalorien' zu achten, ohne ‚Ziel' spazieren zu gehen, ohne ‚Grund' auf der Wiese zu sitzen, ‚Liebe', ‚Glück' und ‚Sinn' zu erfahren[44]) ‚träumen'. Am Ende des Romans versucht Renate, aus der Rolle einer ehrgeizigen und selbstbeherrschten Selbstunternehmerin durch die Kündigung herauszutreten, doch mit der neugewonnenen Freizeit konfrontiert, beginnt sie, die Verwirklichung ihrer Träume durch strategische Pläne wiederum in berechenbare Strukturen zu pressen.[45]

Wi(e)der die Entfremdung?

Die angeführten Literaturbeispiele behandeln die Entfremdungsthematik auf unterschiedliche Weise. Ist bei den autobiographischen Texten der ‚temporär Prekären' Entfremdung durch Arbeit – bzw. vielmehr die Angst vor ihr – zwar polemisierendes Thema und Ausgangspunkt von Empörung und Protest, findet sie als Bewusstseinsform keine Darstellung. Wird der fiktive Rahmen betreten, lassen sich Motive aus der existentialistischen Literatur finden – Camus'

42 Ebd.

43 Ebd., S. 63.

44 Ebd., S. 388.

45 Während Renate letzten Endes ebenso wie Warlich mit der Qual der Wahl der Lebensgestaltung konfrontiert ist, sieht Magnus die einzige Freiheitshandlung in seinem Freitod.

Absurde, Sartres *nausée* (Ekel), Moravias *indifferenza* (Gleichgültigkeit) – und bebildern die Entfremdung der Charaktere. Diese können nur noch im Seinsmodus der Entfremdung agieren oder eben nicht agieren, wobei nicht mehr klar unterschieden werden kann, ob die Tätigkeitsbereiche Ursache von Entfremdungserscheinungen sind oder ob nicht vielmehr die Charaktere, die in eine viel grundlegendere existentielle Entfremdung verwickelt sind und deren entfremdetes Bewusstsein literarisch dargestellt wird, in gegenwärtige Arbeitsszenarien eingearbeitet werden.

Schreiben über Arbeit scheint hier untrennbar mit der schon in der Antike verhandelten Frage nach dem ‚guten Leben' verbunden zu sein, wobei die Frage nach der ‚guten Arbeit' in postfordistischen Arbeitsverhältnissen damit impliziert zu sein scheint. In den Romanen, in denen es stets um Rationalisierungs- und Optimierungsprozesse, Effizienzsteigerung und wirtschaftliches Wachstum, Leitbilder, die auch ein Wäschereiunternehmen verinnerlicht hat, geht, leiden die Protagonisten unter ihrem Hang zur Auto-Observation, starker Introspektion und einer Selbstobjektivierung bzw. einem Zwang zur Antizipation der Zukunft oder Interpretation der Vergangenheit (zur Selbstoptimierung). Die erfahrene Handlungsohmacht führt zum Bruch zwischen Realität und Innenleben. Hier spiegelt sich der Typus des von Norbert Elias beschriebenen Homo clausus, der in seiner Innerlichkeit gefangen, von der Außenwelt entfremdet ist, da er seine Einwirkungsmöglichkeiten nicht begreift;[46] die Figuren sind auf ihre Verhaltenssteuerung und Selbstbeobachtung fixiert und wissen nicht mehr zwischen Fremd- und Selbstzwängen zu unterscheiden. Im Neoliberalismus der Gegenwart lauert im verlockenden Angebot zur Individualisierung und Selbstverwirklichung die Gefahr von Neurose, Selbstausbeutung durch die Ökonomisierung aller Lebensbereiche, von Selbstbetrug sowie existentiellem Scheitern durch den Konflikt eigener Bedürfnisse mit wirtschaftlich-rationalen Wertmaßstäben.

Gemeinsam ist den beiden vorgestellten Textsorten der Typus der Handlungsträger – die Innerlichen, die Passiven, die Intellektuell-Gefühlsvertrackten, denen der Arbeitsplatz als hauptsächlich identitätskonstituierender Bestandteil gilt, über den die Selbstwahrnehmung

46 Vgl. Norbert Elias: *Über den Prozeß der Zivilisation*. Basel: Haus zum Falken 1939, S. 84–85.

und Außenwirkung gesteuert wird, und bei deren Beschreibung einer großzügigen Innenschau statt sozialer Interaktionen Vorrang gegeben wird. Während bei den fiktiven Texten die Formulierung von positiven Zielen, von konkreten Alternativen über die Sehnsucht nach Unmittelbarkeit und Selbsttreue hinaus allerdings ausbleibt, können die an die Autoren angelehnten Figuren der autobiographischen Texte sich letzten Endes noch gegen konkrete äußerliche Strukturen auflehnen – in Form von harscher Ablehnung und der Forderung nach Abschaffung von Call Center-Arbeit an sich oder, handelt es sich um einen akzeptablen, aber ausbeuterischen Tätigkeitsbereich, nach gerechter Entlohnung und fairen Übernahme- und Aufstiegschancen, sodass während der erzählten Handlung Entwicklungen stattfinden, die zu Erkenntnissen über die Möglichkeiten des Protests und Aufbegehrens wider die Entfremdung führen. Zugespitzt lässt sich formulieren: Die Fiktionen zeichnen die Fälle des Scheiterns, Dystopien zeitgenössischer Subjekttypen und entfremdeter Lebensformen, die Selbsterfahrungstexte hingegen den Versuch, die in die Form einer zusammenhängenden und derart sinnstiftenden Erzählung überführte Erwerbsbiographie in ein beispielhaftes Zeitdokument zu verwandeln.[47]

47 Nicht selten nutzen die Verfasser die große Resonanz auf ihre Veröffentlichungen dazu, politisch aktiv oder zumindest gesellschaftlich sichtbar zu bleiben. Murgia kandidierte für die Regionalwahl in ihrer Heimat Sardinien und Incorvaia / Rimassa entwerfen auf ihrer Webseite Petitionen an das Arbeitsministerium.

Der Metasinn der Proteste

Ein Kommentar zu *Nebulosa* 05/2014 von Juliane Spitta

Nebulosa 05/2014 widmet sich (dem) Subjekt(en) (in) der Geschichte. Der Versuch, Subjektivität sowie Prozesse der Subjekt-Werdung neu zu betrachten und die Rolle des Subjekts im materiellen Schaffensprozess der Geschichte zu re-artikulieren, ist ein populäres Unterfangen, das gegenwärtig einer doppelten Notwendigkeit folgt. Sie ergibt sich aus den Veränderungen dessen, was Michel Foucault als politische Rationalität[1] bezeichnet hat. Die Transformationen der politischen Rationalität haben die Frage des Subjekts in der jüngsten Gegenwart – vor allem seit dem Ausbruch der Finanz- und Wirtschaftskrise – wieder ins Zentrum des kritischen Diskurses gerückt. Über diese geschichtspolitische Aktualität hinaus stellt sich die Frage des Subjekts heute in einer Art und Weise, die ich als post-dekonstruktiv bezeichnen möchte. Hatten die Dekonstruktion und das viel beschworene Ende des Subjekts die letzten Jahrzehnte des vergangenen Jahrhunderts erschüttert, so nahm die theoretische Unruhe und die narzisstische Kränkung in den 00er Jahren ab. Anti-Essentialismus und Denaturalisierung verloren genauso ihren Schrecken wie das Bewusstsein der eigenen Grund- und Ursprungslosigkeit. So wird die Idee umfassender Kontingenz heute oftmals weniger als Bedrohung denn als Chance aufgefasst. Indes gilt es zu verhindern, dass die Erkenntnis der historischen Gewordenheit von Selbstverhältnissen und Subjektpositionen zur Beliebigkeit tendiert und (neo)liberalen Freiheitskonzeptionen Vorschub leistet. Die Aufgabe besteht nicht mehr darin, den Konstruktionscharakter des Subjekts in der Geschichte herauszuarbeiten. Es gilt stattdessen, die neu erworbene subjekttheoretische Sicherheit mit/in der Unsicherheit zu verbinden – mit einer

1 Vgl. Michel Foucault: Zu einer Kritik der politischen Vernunft. In: Ders.: *Dits et Ecrits. Schriften*, Bd. 4. Frankfurt am Main: Suhrkamp 2005, S. 165–198. Die politische Rationalität bezeichnet den jeweiligen Typus von Vernunft, von dem ausgehend das Politische und die Gesellschaft begriffen, organisiert und strukturiert werden. Die politische Rationalität einer Zeit ist nicht auf „Regierungsrationalität" oder auf die staatliche Souveränitäts- und Herrschaftsarchitektur reduziert, der Begriff umgreift auch Strukturen des Sozialen und Ökonomischen und steht in Bezug zu kulturellen Praktiken. Die politische Rationalität thematisiert auch den Austausch von Macht- und Herrschaftsstrukturen mit Verfahren der Wissens- und Wahrheitsproduktion sowie mit Praktiken der Identifizierung und der Subjektivierung.

kritischen Reflektion geschichtlicher Wirkungsmacht von Subjekten einerseits und mit einer differenzierten Analyse gesellschaftspolitischer und ökonomischer Verhältnisse andererseits.
Diesen Ansatz wählt auch die 5. Ausgabe von *Nebulosa* und darin liegt eine große Stärke des Heftes. Seine Position macht Matthias Naumann bereits auf der ersten Seite deutlich, wenn er auf das ambigue Verhältnis zwischen Unterworfensein *unter* und Gestaltung *der* Geschichte eingeht und zugleich auf das für dieses spannungsgeladene Verhältnis konstitutive Bewusstsein über die geschichtliche Gewordenheit jedes Subjekts verweist.[2] Der Autor verbindet Adornos Interesse an einer möglichen Vernunft der Geschichte mit diesem Themenfeld: wenn ein ‚an sich' des Subjekts letztlich ebenso wenig behauptet werden kann, wie ein ‚an sich' der Geschichte, wenn das zugleich unterworfene und handelnde Subjekt in (Fabel)Haft bleibt, welchen Raum hat das Subjekt? Naumann betont, dass (Fabel)Haft den Blick auf Handlungsmöglichkeiten verändert, nicht aber verstellt. Das Wissen um die unterworfene Gewordenheit des Subjekts lässt Raum für neue Handlungs-Möglichkeiten. In die Fiktionen der Geschichte kann eingegriffen, sie kann umgeschrieben werden, neue Erzählstränge sind zu eröffnen, der Rahmen kann zerbrochen oder überschritten werden – auf dass neue Erfindungen, Kontingenzen und Gewordenheiten alte überlagern und verdrängen.[3] Wenn die Freiheit (des Subjekts) und Vernunft (der Geschichte) auf derartige Weise (be-)/er-griffen werden, so entspricht das einer post-dekonstruktiven Perspektive, die meiner Ansicht nach gegenwärtig sinnvoll und notwendig ist.
Die Frage nach dem Subjekt in/der Geschichte, dem in und durch die Geschichte gewordenen Subjekt stellt sich dann jenseits von handlungs- und bewusstseintheoretischer Eindeutigkeit cartesianischer Prägung zugleich als Frage nach dem Geschichte machenden Subjekt. „Als entscheidend erweist sich dabei, ob den rezipierenden potentiellen Subjekten diese als gemachte und damit veränderbare und ob ihnen zugleich damit Zukunft als mach- und veränderbare zu denken gegeben wird."[4] *Nebulosa* 5 stellt die Frage ‚was macht ein

2 Vgl. Matthias Naumann / Eva Holling / Frank Schlöffel: Auf- und Ausbruch / Doppelmord / Archiv, Herrschaft und Vertuschung / Die aktuelle Ausgabe: In: *Nebulosa. Figuren des Sozialen* 5 (2014): Subjekte der Geschichte, S. 7–16, hier S. 7.

3 Vgl. ebd., S. 8.

4 Ebd., S. 9.

Subjekt' somit auf eine neue Weise. Anstatt die Chancen und Potentiale des individuellen, sich-selbst-bewussten und mit sich identischen Subjekts auszuloten, geht es darum, Praktiken der Subjektivierung, der Selbst-Werdung und der Selbst-Bildung zu diskutieren sowie Konstruktionsbedingungen, Genese und Handlungsmöglichkeiten möglicher Subjektformationen zu thematisieren.[5]

Als post-dekonstruktiver Begriff lässt sich Selbst-Bildung auf dreifache Weise verstehen:

- als Praxis des Sich-selbst-Herausbildens in der Geschichte. Das Ich der Herausbildung verbleibt auch hier stets jenseits von bewusster, autonomer und rationaler Handlungsmöglichkeit.
- als Bewusstsein der Einschreibung des Selbst in die Textur struktureller Kräfteverhältnisse, d.h. die Herausbildung von Selbst-Verhältnissen als Teil von politischen Rationalitäten, deren Wirkungsmacht jenseits der grammatikalischen Position des individuellen Subjekts liegt.
- als Bewusstsein über die Mitgestaltung und die Teilhabe an denjenigen wirklichkeitsschaffenden Praktiken, die die Geschichte als werdenden Prozess sich verändernder Ereignisse auf der Oberfläche von Zeit- und Kräfteverhältnissen ausmachen.

Wenn Selbst-Verhältnisse sich *in* und *mit* der Geschichte bilden und sie diese Geschichte zugleich selbst schaffen, ist der Auf- und Ausbruch aus der *Fabelhaft*, wie der Autor es in Anlehnung an Ernesto Laclau formuliert, die „unabschließbare Aufgabe der Subjektkonstitution in, mit und gegen Geschichte."[6] Obwohl es den transzendenten, abwesenden, potentiell anwesenden oder unerreichbaren Ursprung der Geschichte ebenso wenig gibt wie den des Subjekts, obwohl Subjektformationen er- und nicht gefunden werden, sind Menschen nicht zu sehnsüchtiger Romantik verdammt. Aus der Freiheit des Post-Dekonstruktiven lässt sich dennoch eine neue Bürde ableiten: Der Affirmation von Grundlosigkeit und Gewordenheit folgt keine Handlungsmöglichkeit, sondern Handlungsnotwendigkeit. Wird Geschichte nicht gemacht, müssen wir sie machen, mitgestalten, teilhaben. Menschen sind, jenseits von individueller und

5 Vgl. den Ansatz des Graduierten-Kollegs „Selbst-Bildungen. Praktiken der Subjektivierung in historischer und interdisziplinärer Perspektive" der Universität Oldenburg. http://www.uni-oldenburg.de/graduiertenkolleg-selbst-bildungen/ (Zugriff am 07.06.2014).

6 Naumann: Auf- und Ausbruch, S. 9.

voluntaristischer Handlungsmacht, gemeinsam wirksam und bilden die Welt und die Selbst-Verhältnisse, denen sie unterworfen sind, heraus. Die Chance dieses post-dekonstruktiven Bewusstseins liegt darin, die Polarität der Debatten der 1990er hinter sich gelassen und den Widerspruch zwischen Freiheit und Determination theoretisch aufgehoben, auf eine neue Ebene gehoben zu haben. Die Anhebung beinhaltet jedoch keine Lösung, im Sinne der Auflösung. Wenn kritisches Denken den Anspruch stellt, keinem liberalen Positivismus von Freiheit und Chancengleichheit zu verfallen, folgt aus dem positiven Bezug auf den Begriff der Veränderung eine Form politischer Verantwortung.

Diese Verantwortung wird angesichts des *Endes des Endes der Geschichte*, das zeitgleich mit der Finanz- und Wirtschaftskrise 2007 ausgerufen wurde, mit neuer Vehemenz deutlich. An dieser Stelle kehre ich zurück zu der eingangs erwähnten doppelten Notwendigkeit eines neuen Blicks auf das/die Subjekt/e der Geschichte. Die politischen Ereignisse der letzten Jahre, die Krise des globalen Kapitalismus und damit einhergehend die Krise neoliberaler Deutungsparadigmen, die neue Hegemonie Deutschlands in der Weltpolitik, die deutsch-europäische Austeritätspolitik und ihre Folgen in den Krisenländern sowie das weltweite Erstarken von Protestbewegungen haben, wie eingangs erwähnt, die Frage nach Geschichte machenden und Geschichte verändernden Subjekten wieder in den Fokus des politischen und theoretischen Diskurses gerückt.

Von diesem Blickwinkel aus fragen Moritz Altenried und Tina Turnheim nach *Ereignis und Dauer des Historischen* und stellen *Sieben Thesen zum gegenwärtigen Erwachen der Geschichte* auf.[7] Die Intention der Autoren, ausgehend vom Bewusstsein für die Verantwortung von Subjekten für ihre Geschichte die aktuelle Relevanz sozialer Kämpfe in der Geschichte aufzuzeigen, zeichnet diesen Beitrag aus. Der Versuch, eine Art Metalogik der Kämpfe zu verdeutlichen und diese in die mystische Form einer *erwachenden Geschichte* einzudeuten, ist bei Altenried und Turnheim dennoch so wenig überzeugend wie bei Alain Badiou, Antonio Negri / Michael Hardt und dem Unsichtbaren Komitee. Dass sie die vielschichtigen sozialen Kämpfe der letzten Jahre unter eine revolutionsromantische Logik des „Gemeinsamen"

7 Vgl. Moritz Altenried / Tina Turnheim: Ereignis und Dauer. Sieben Thesen zum gegenwärtigen Erwachen der Geschichte. In: *Nebulosa* 5 (2014), S. 19–30.

zusammenfassen, ist so wenig plausibel, wie der Umkehrschluss, dass die Proteste der letzten Jahre „nur die bleierne Alternativlosigkeit des Bestehenden manifestierten".[8] Das *Ende der Geschichte* als rhetorische Figur und Baustein neoliberaler Ideologie zu entlarven, geht nicht mit der Notwendigkeit einher, das verabschiedete durch ein neues *telos* der historischen Entwicklung zu ersetzen.

Dabei scheinen die Autoren das Anliegen ihres eigenen Unterfangens mit einer kritischen Distanz zu überblicken. Sie anerkennen, dass ihr Versuch, zusammenzudenken, was nicht zusammen gehört, den Wunsch verfolgt, eine historische Sequenz zu *eröffnen*, die über die heutigen Bedingungen für einen Eintritt in die Geschichte als politische Subjekte nachdenkt.[9] Ihre erste These – *Ende des Endes der Geschichte* – offenbart eine stimmige politische Analyse, die an Stichworten wie *Post-Politik*, *technokratischer Regierungsstil* und *Kapitalismus ohne Demokratie* orientiert ist und die Jacques Rancière in *Der Hass der Demokratie* treffend in der These zusammenfasst, dass wir nicht in Demokratien, sondern in oligarchischen Rechtsstaaten leben, in denen das Gemeinsame im Sinne des Öffentlich-Politischen systematisch durch eine Allianz aus Ökonomie und Politik sowie durch deren auf regierungsrationales Wissen gestützte Propaganda der Alternativlosigkeit enteignet wird.[10] Doch bei Altenried und Turnheim vermischen sich alsbald politische Analyse und Empörung zu einem sinnstiftend-romantisierenden Blick auf das Wesen der Kämpfe. Das hat zur Folge, dass verschiedenste soziale Kämpfe unter eine gemeinsame revolutionstheoretische Logik subsumiert werden. Die mantrahafte Wiederholung, dass *der* Aufstand bereits stattfindet, dass die Kämpfe real und wirksam sind und dass sie einer (unsichtbaren) gemeinsamen Logik folgen, verbindet Altenried und Turnheim mit Texten wie *Das Erwachen der Geschichte*[11], *Der Kommende Aufstand*[12] oder *Demokratie. Wofür wir kämpfen*[13], auf die sie in ihrem Text auch verweisen. Dabei sind die *Sieben Thesen zum gegenwärtigen Erwachen der*

8 Ebd., S. 20.

9 Vgl. ebd.

10 Vgl. Jacques Rancière: *Der Hass der Demokratie*. Köln: August 2012, S. 89–90.

11 Alain Badiou: *Das Erwachen der Geschichte*. Wien: Passagen 2013.

12 Unsichtbares Komitee: *Der kommende Aufstand*. Hamburg: Edition Nautilus 2010.

13 Antonio Negri / Michael Hardt: *Demokratie. Wofür wir kämpfen*. Frankfurt am Main: Campus 2013.

Geschichte von vier Problemen geprägt, die sich auch in den Texten widerspiegeln, auf die Altenried und Turnheim Bezug nehmen.

1. Eindeutung der Kämpfe

Die pauschalisierende Vereinheitlichung verschiedener Proteste – Demokratiebewegung des Arabischen Frühlings, Occupy, Revolten in Vororten in England, Frankreich oder Schweden, Proteste gegen die Sparpolitik in Spanien oder Griechenland und die Gezi-Park-Proteste in der Türkei[14] – zu *einer* Bewegung (Multitude) ist bereits anlässlich des Buches *Demokratie* von Negri und Hardt kritisiert worden. Die Eindeutung der schon in sich vielschichtigen und uneinheitlichen Kämpfe, ihrer Forderungen und Themen zu einem *kommenden* – oder bereits *erwachenden*, revolutionären Subjekt der Gegen-Geschichte ist historisch verkürzt und grob vereinfachend.[15] Von den konkreten Akteuren kann diese von außen geschehende, theoretische Einbettung des eigenen Kampfes in eine übergeordnete bewegungstheoretische Repräsentationslogik als gewaltsam begriffen werden. Neben unerwünschten Folgen hinsichtlich der Wirkungsmacht kann diese ungefragte repräsentationspolitische Eindeutung von den Beteiligten als Enteignung des Protestes wahrgenommen werden.

2. Das Paradox der Repräsentation

Die eben benannte Form der Repräsentationspolitik bringt weitere Probleme mit sich. Die Autoren wollen mit deskriptiven Mitteln eine bestehende Rebellion erklären. Ihre Thesen sollen helfen, bereits stattfindende Proteste politisch einzuordnen. Sie sind kein Manifest, das zur Erhebung aufruft. Negri und Hardt konkretisieren diesen Ansatz im Bezug auf die Frage nach dem Subjekt in/der Geschichte:

> Dies ist kein Manifest. Manifeste verkünden Idealwelten und beschwören ein geisterhaftes Subjekt, das uns dorthin führen soll. […] Die sozialen Bewegungen der Gegenwart haben diese Reihenfolge umgedreht und

14 Wobei der Logik der Proteste folgend die Bewegung gegen die Homoehe in Frankreich auch in diese Aufzählung aufgenommen werden müsste.

15 Besonders offensichtlich wird diese historische Verkürzung an der von Badiou übernommenen These, dass diese noch blinden, naiven und zerstreuten, globalen Äußerungen der Unzufriedenheit mit den ersten Arbeiteraufständen im 19. Jahrhundert und der Geburtsepoche der kommunistischen Idee zu vergleichen seien. Diese kann ob ihrer Naivität erheitern, behält dabei gleichwohl den bitteren Beigeschmack einer Enteignung der Geschichte der kommunistischen Arbeiterbewegung. Vgl. Altenried / Turnheim: Ereignis und Dauer, S. 23; Badiou: *Das Erwachen der Geschichte*, S. 15.

> Propheten und Manifeste überflüssig gemacht. Sie sind bereits auf den Straßen, besetzen Plätze und stürzen nicht nur Herrscher, sondern entwerfen neue Zukunftsvisionen.[16]

Negri und Hardt – und diesem Problem müssen sich auch Altenried und Turnheim stellen – reproduzieren die Logik, die sie zu durchbrechen versuchen. Sie sprechen *im Namen von* und erklären historischen Akteuren den Sinn ihrer eigenen Kämpfe, sie interpretieren spezifische Forderungen im Hinblick auf einen übergeordneten Sinn, der den konkreten Akteuren selbst (noch) nicht bewusst ist. Das doppelte Paradox dieser Politik besteht darin, die Kritik am Repräsentationsbegriff ins Zentrum ihrer revolutionsromantischen Subjektivierungspolitik zu stellen und dabei Repräsentationspolitik *par excellence* zu praktizieren.[17] Der innere Widerspruch, der dem Schlachtruf ‚Wir sind die 99 Prozent' der repräsentationskritischen Occupy-Bewegung innewohnt, bezeugt die Unzulänglichkeiten dieser Art von Anti-Repräsentationspolitik anschaulich.

Diese gewaltsame Überfrachtung der Proteste ist die Antwort der revolutionsenthusiastischen Linken auf leere Signifikanten und die auch von Altenried und Turnheim konstatierte, postpolitische Inhaltsleere der Proteste. Sie ist zum Scheitern verurteilt. Abgesehen von Ausnahmen, artikulieren sich im Rahmen der Proteste im Wesentlichen reformistische Forderungen. Sie zum *Erwachen der Geschichte* umzudeuten, erfordert eine erhebliche Interpretationsleistung. Denn wie die Autoren in These 3 und 4 selbst reflektieren, sind die Zukunftsvisionen vieler der Protestierenden weder grundlegend kapitalismus- noch systemkritisch. Sie beschränken sich auf Forderungen nach ‚echter' Demokratie und Repräsentation, auf den Wunsch nach einem Abbau von Korruption und nach staatlicher Regulierung von Finanzspekulation, der Bekämpfung von ‚kapitalistischen Auswüchsen', Garantien für Arbeits- und Ausbildungsplätze, eine Verbesserung der lokalen Infrastruktur, Teilhabe am kapitalistischen Marktgeschehen, liberaldemokratische Freiheitsrechte, oder sie zielen auf eine islamkonforme Gestaltung der Gesellschaft. Die Einschreibung dieser Forderungen in eine revolutionäre Textur verkennt ihren Charakter.

16 Hardt / Negri: *Demokratie*, S. 7.

17 Zu den Problemen dieser Form der Repräsentationspolitik vgl. u. a. Rancière: *Der Hass der Demokratie*, S. 64–65.

3. Der Wunsch nach einem Grund der Proteste

Der Versuch gegenwärtige Proteste unter eine einheitliche Logik zu subsumieren, scheitert also daran, dass eine übergeordnete Metalogik, eine gemeinsame Sinnstiftung den Kämpfen gerade fehlt. Darüber hinaus ist die tiefenhermeneutische Suche nach einer sinnstiftenden Wahrheit des Protestes problematisch, da die Autoren hier vorführen, wie der Wunsch nach einer Gegengeschichte in die präsenzmetaphysische Suche nach Identität und einem Ursprung umschlagen kann. Die Konsequenz dieser Bewegung ist es, dass heterogene Ereignisketten im Hinblick auf einen übergeordneten Sinn vereinheitlicht werden. Die Suche nach einem Metasinn der Proteste sagt auf diese Weise mehr über die strukturellen Probleme der radikalen Linken aus als über das Wesen der Kämpfe.

4. Tautologische Zirkularität der Subjektivierungspolitik

Die sozialen Kämpfe der Gegenwart bezeugen die Krise klassischer Formen kollektiver, politischer Subjektivierung. Die Feststellung, dass im Zusammenhang mit der gegenwärtigen Dimension der Vielfachkrise des Kapitalismus traditionelle Zugehörigkeits-, Identitäts- und Repräsentationssysteme an Bedeutung verlieren, gleicht heute einem Allgemeinplatz. Gleichzeitig manifestiert die politische Entwicklung, auf die Altenried und Turnheim Bezug nehmen, ebenso wie die im Text beschriebene Mannigfaltigkeit sozialer Protest-Bewegungen in der Gegenwart die Virulenz dieses Themas. Das tagesaktuelle politische Geschehen seit dem Ausbruch der Finanzkrise bezeugt die Prekarität und die Wandelbarkeit von Subjekt-Formationen mehr als eindrucksvoll. Es offenbart aber auch, dass es derzeit an funktionalen, alternativen Selbst-Bildern mangelt. Die tautologische Zirkularität, der auch Altenried und Turnheim ebenso wie ein Großteil der Bewegungslinken aufsitzen, besteht in einer Renaissance selbst konstitutiv krisenhafter Kollektiv- und Gemeinschaftskonzeptionen als Antwort auf eine Krise, die sich gerade anhand der Disfunktionalität von kollektiven Subjektivierungsmodellen verdeutlicht.

Möglicherweise werden wir gegenwärtig Zeugen einer fundamentalen Diskrepanz zwischen politischer Realität und Politischem Imaginären (bzw. den Selbst-Bildern im Politischen Imaginären). Selbst-Bilder und Subjektivierungs-Modi haben sich in den letzten Jahren nicht mit derselben Geschwindigkeit verändert wie die Transformationen des Politischen voranschritten. Das Problem wäre in diesem Fall – und so ließen sich zugleich die inhaltlichen Überschneidungen von linken und rechtspopulistischen Protestbewegungen erklären –, dass an ein Subjekt der Geschichte appelliert wird, das auf vergangene Formen politischer Rationalitäten Bezug nimmt. Ein Grund mehr, die Aufgabe, ein post-dekonstruktives Verständnis von Subjektivität auszubilden, ernst zu nehmen.

Das gelingt Altenried und Turnheim nur im Ansatz. Möglicherweise funktioniert jedoch der positive Bezug auf die Wirkungsmacht der sozialen Bewegungen heute nicht mithilfe der gewaltsamen Vereinheitlichung durch eine inhaltliche Klammer, sondern im Hinblick auf die Wirkungsmacht des Selbstbildungsprozesses. In diesem Fall geht es weniger um die konkreten Forderungen der Protestierenden als um deren (bewusste oder unbewusste) Erkenntnis, Subjekt der Geschichte zu sein, um die subjektive Erfahrung gemeinsamer Wirkungsmacht, die Menschen verändert. Denn die Erkenntnis gemeinsamer politischer Agitation wandelt das Selbst- und Politikverständnis von Menschen – dass dieser Prozess nicht per se emanzipatorische Folgen hat, ist in den letzten Jahren am Beispiel der Arabellion deutlich geworden.

Abbildungsnachweise

Eva Holling: A League of Their Own.

Abb. 1 Beein' Cologne. Fotoserie zum Projekt *Stockwerk*, Projektensemble PET_7 2011, Tanzlabor_21 / Mousonturm Frankfurt am Main. © Artur Holling.

Swoosh Lieu: Bewerbung als Schreibarbeiterin.

Abb. S. 84–89 © Swoosh Lieu.

Call for Papers: Hunger

Nebulosa – Figuren des Sozialen, Heft 08/2015

Hunger lässt sich als biologisches und als soziales Phänomen begreifen, das für den einzelnen Menschen als Aspekt seines Körpers eine lebenswichtige Rolle spielt, allerdings aufgrund der sozialen und historischen Verhältnisse, in denen er_sie lebt, ganz unterschiedliche Formen annehmen kann. Hunger ist ein Begleiter des Menschen durch die Geschichte, eine Folge von Katastrophen, eine Waffe im Krieg und in der Gegenwart zu einem chronischen und konstitutiven Bestandteil der kapitalistischen Weltverhältnisse geworden, in denen laut dem World Food Programme der UN 842 Millionen Menschen hungern. Dem Hunger als Figur des Sozialen soll *Nebulosa* 08/2015 in seinen unterschiedlichen historischen und sozialen Erscheinungsweisen sowie den Formen seiner Darstellung nachgehen.
Zunächst lässt sich Hunger als Ausdruck der Not des eigenen Körpers betrachten, auch als Feind dieses Körpers, da der Mensch den Hunger auf Dauer nicht überleben kann. Dem Hunger soll mit einer Befriedigung der Not durch die Aufnahme von Nahrung begegnet werden, doch in übertragenem Sinn lässt sich von Hunger auch auf ganz anderes denn Nahrung sprechen, auf Sex, Macht oder Geld – so dass sich nach der Grenze zwischen Hunger und Gier, zwischen einem berechtigten Bedürfnis und seinem unberechtigten Überschuss fragen lässt. Obgleich meist negativ konnotiert und zu überwinden, wird Hunger sozial aber auch anders gewertet, vor allem in religiösen Zusammenhängen, wenn Fasten zu einer Reinigung des Körpers, zu Rauschzuständen oder Erkenntnis führen soll. Diese religiösen Wertungen des Hungers finden sich in postmoderner Ernährungspraxis konserviert (Selbstoptimierung, Ernährungsberatung usf.) und lassen ihn so zu einem Teil der Konsumpraxis westlicher Überflussgesellschaften werden. Als Feind des Körpers erscheint der so ‚selbstgewählte' Hunger wiederum in der Anorexie.
Zur politischen Protestform kann der Hunger im Hungerstreik einzelner werden, oder das Elend des Hungers löst Proteste aus, Hungerrevolten. Andererseits dient Hunger als Waffe der militärisch Überlegenen nicht nur gegen Einzelpersonen, sondern vor allem gegen ganze Bevölkerungsgruppen, die ausgehungert, dem Verhungern überlassen werden. Die Kriegsmethode der Belagerung hat

historisch immer wieder den Hunger als Waffe eingesetzt; ein besonderes Ausmaß erreichte dies bei der Belagerung von Leningrad durch die deutsche Wehrmacht von September 1941 bis Januar 1944, an der mehr als 1,1 Millionen Menschen zumeist durch Hunger starben. Auch in den Konzentrationslagern des Nationalsozialismus und in anderen Genoziden diente Hunger als Mittel zur Vernichtung derer, die als „lebensunwertes Leben“ definiert worden waren.

Hungersnöte lassen sich als historisch immer wiederkehrende Ereignisse mit je unterschiedlichen Ursachen beschreiben, die nicht zuletzt zu großen Migrationsbewegungen, wie z. B. im 19. Jh. aus Irland in die USA oder heute aus Ländern des globalen Südens in die des globalen Nordens, führen. Dabei lassen sich sowohl Wetter und Naturkatastrophen als auch Umweltzerstörung und Bodenerosion wie auch der Anbau von Cashcrops oder Landgrabbing historisch als Ursachen von Hungersnöten ausmachen. Mit dem Hunger wären also immer auch die ihn bedingenden Verhältnisse des (Nicht-)Zugangs zu Nahrungsmitteln zu betrachten.

Nicht zuletzt die mediale Präsenz von Hunger in den westlichen Medien lässt diesen als Dispositiv erscheinen, als Differenzierungsmerkmal zwischen reichen und armen Ländern und Bevölkerungen. Ganze Bevölkerungen können als Stereotypen des Hungers erscheinen – oft ausgemergelte, dunkelhäutige Kinderkörper –, so dass in Aufrufen, den Hunger zu bekämpfen, eine Teilung der Welt in Spendende und Spendenempfangende erfolgt. Der Aufruf zur Wohltätigkeit, der sich ebenfalls als aus einer religiösen Tradition stammend betrachten lässt, erhält dabei, bei all seiner Wichtigkeit für die einzelnen Menschen, denen geholfen wird, die Teilung der Welt aufrecht und bekämpft nicht den Hunger als Konstituens gesellschaftlicher Machtverhältnisse. Der Hunger erweist sich auch hier als unmittelbar politisch, als Bestandteil der und Frage an die bestehenden sozialen Verhältnisse.

Als Begleiter der Menschen durch die Geschichte taucht der Hunger in zahlreichen historischen und künstlerischen Darstellungen auf, so dass die kommende Ausgabe von „Nebulosa“ auch nach Darstellungslinien oder -traditionen des Hungers fragen will. Und damit auch nach Darstellungen des Umgangs mit Hunger, die von Imaginationen tabuisierter Handlungen, die der Hunger erzwingt, wie in Dantes *Göttlicher Komödie*, wo der mit seinen Söhnen in einen Turm gesperrte Ugolino diese als Nahrung zunächst ablehnt, doch dann sterben sie vor ihm und „schließlich vermochte / mehr als der Schmerz der Hunger" –, bis hin zu den Hunger Games der *Tribute von Panem* reichen können.

Es wird nach Beiträgen zum Hunger als Figur des Sozialen gesucht, die einen oder mehrere dieser Aspekte oder auch ganz andere in den Blick nehmen. Gefragt werden soll nach historischen und gegenwärtigen Erscheinungen des Hungers, nach seinen sozialen und politischen Verhältnissen und nicht zuletzt nach seinen Darstellungen in Literatur, Theater, Film und Popkultur, deren Interdependenzen und Verhältnissen. Neben wissenschaftlichen Beiträgen für den Thementeil wird für den Themenschwerpunkt auch nach einem künstlerischen Beitrag zu „Hunger" gesucht. Vorschläge hierzu sind ebenso willkommen!
Im an den Hauptteil der Ausgabe anschließenden Forum gibt es die Möglichkeit, auf Artikel des Themenschwerpunkts von *Nebulosa* 07/2015 – „Prinzessinnen" – zu reagieren. Sie sollen kommentiert, diskutiert und um weitere Aspekte und Positionen ergänzt werden. Eine vorläufige Beitragsliste von *Nebulosa* 07/2015 findet sich am Ende des CfP.

Interessierte sind herzlich eingeladen, bis zum 31. Dezember 2014 ein Abstract (max. 1 Seite) und kurze biographische Angaben (max. ½ Seite) in elektronischer Form (Word- oder PDF-Dokument) an die Herausgeber_innen (Eva Holling, Matthias Naumann, Frank Schlöffel) zu schicken:

nebulosa@neofelis-verlag.de

Die Bekanntgabe der akzeptierten Beiträge erfolgt Ende Januar 2015 per Email. Die Beiträge, die eine max. Zahl von 30.000 Zeichen nicht überschreiten sollen, müssen den Herausgeber_innen bis zum 1. Juni 2015 vorliegen. *Nebulosa* 08/2015 soll Anfang Oktober 2015 erscheinen.

Prinzessinnen
Nebulosa – Figuren des Sozialen, Heft 07/2014

Erscheint im April 2015

Beitragsliste

Christel Baltes-Löhr
Bedeutung von Prinzessinnen – aber auch von Prinzen – aus einer genderspezifischen sozialisationstheoretischen Perspektive (AT)

Rainer Emig
Warum Prinzessinnen keine Königinnen sind:
Prinzessinnen in der englischsprachigen Literatur und Kultur

Thomas Küpper
„Die Bettelprinzess".
Von Hedwig Courths-Mahler zu Hella von Sinnen

Nora Derbal
Saudische Prinzessinnen (AT)

Silke Felber / Teresa Kovacs
Prinzessinnen in der Unterwelt? Variationen des Dazwischen in Elfriede Jelineks *Der Tod und das Mädchen I–V*, *FaustInand out* und *Schatten (Eurydike sagt)*

Jan Henschen
Prinzessin Fantoche –
Arnold Höllriegels Erzählung einer Selbstermächtigung und das Frauenbild zwischen Detektivgenre und Kinoreform

Tamara Werner / Aleta-Amirée von Holzen
Becoming a Magical Pony-Princess. Die Neuinterpretation der Prinzessinnenfigur als Identifikationsangebot in *My Little Pony – Friendship is Magic*

Nebulosa – Figuren des Sozialen
hrsg. von Eva Holling / Matthias Naumann / Frank Schlöffel

Bisher erschienen

01/2012 – *Wahrnehmung und Erscheinen*
02/2012 – *Subversion*
03/2013 – *Gespenster*
04/2013 – *Maßnehmen / Maßgeben*
05/2014 – *Subjekte der Geschichte*
06/2014 – *Arbeiterinnen und Arbeiter*

In Planung

07/2015 – *Prinzessinnen*
08/2015 – *Hunger*